»Das Tal mit seinen Seligkeiten und Freuden aber überlassen wir denen, die nichts wissen von unserem Glück.«

Hans Ertl

gewidmet
STEFFEN KASTNER
1976 – 2001

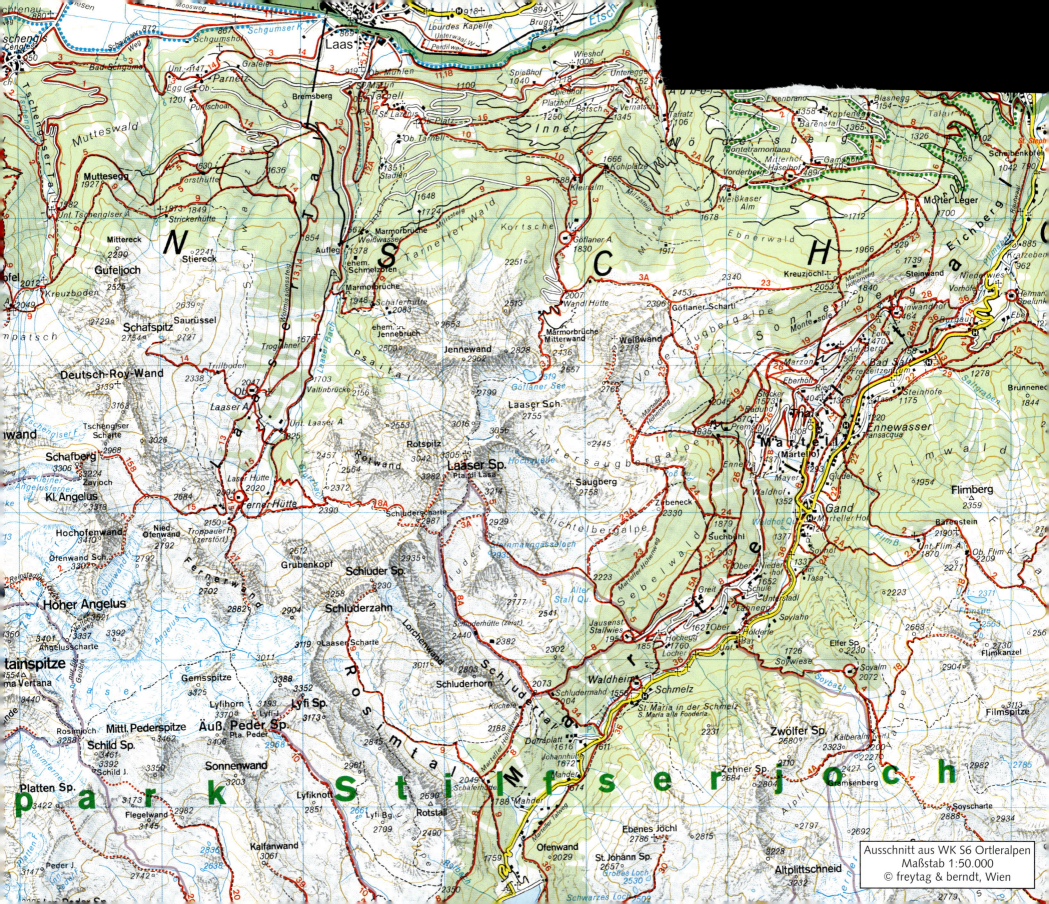

Wolfgang Pusch

Ortler – Königspitze – Zebrù

Bergverlag Rother

Vorwort

»Wenn wir die Geschichte dieser Routen denn kennen, erschließt sie uns unterwegs zusätzliche Dimensionen des Erlebens.«

Richard Goedeke

Ist eine Bergmonographie schon für sich eine reizvolle Aufgabe, so bietet ein Jubiläum einen besonderen Anlass, sich intensiv mit den vielfältigen Aspekten eines Berges auseinander zu setzen.
Die Erstbesteigung des Ortlers, dem »König der Ostalpen«, jährt sich zum 200. Mal, jene der Königspitze zum 150. Mal. Zweihundert Jahre Alpingeschichte also, die dieses Buch ebenso Revue passieren lässt wie die begleitende Erforschung auf den Gebieten der Topographie, der Geologie und der Glaziologie der Ortleralpen durch Julius Payer und Sebastian Finsterwalder. Die Entwicklung Suldens zum modernen Fremdenverkehrsort spielt ebenso eine Rolle wie die Stilfser-Joch-Straße und der in vielerlei Hinsicht bemerkenswerte Nationalpark Stilfser Joch.
Die Berge um den Ortler haben sich in den letzten Jahren durch den Rückgang der Gletscher und das Auftauen des Permafrosts deutlich verändert. Dieser Umstand ist in den zahlreichen Abbildungen ebenso dokumentiert wie in den aktuellen Routenbeschreibungen.
Diese Bergmonographie soll das Hintergrundwissen vermitteln, das dem interessierten Besucher der grandiosen Bergwelt über Sulden zusätzliche Dimensionen des Erlebens verschafft, sei es als Wanderer, Skitourist oder Alpinist an den großen Graten und Wänden.

Wolfgang Pusch

Das Gipfelplateau des Ortlers ist vom stark gegliederten Oberen Ortlerferner bedeckt.

Inhalt

Vorwort 4

Der König und seine Trabanten 10

Eine Annäherung 11
Der höchste Dolomit-Berg 13
Eis und Schutt 16
Topographie 19
Die Erfoschung der Ortleralpen 21
Payers Rolle als Ortler-Topograph 22
Namensgebung 24

200 Jahre Alpinismus 28

Erstbesteigungen 29
Der Pseyrer Josele und die Hinteren Wandlen 29
Die Besteigungen Schebelkas und Thurwiesers 33
Das Geheimnis der Erstbesteigung der Königspitze .. 34
Briten in den Ostalpen 38
Julius Payer auf dem Monte Zebrù 40

Die goldenen Jahre in Sulden 42
Die Wiedereröffnung des Hintergrats 42
Langes Werben um den Hochjochgrat 46
Schückrinne 49
Klingende Namen am Suldengrat der Königspitze ... 52
Professor Minnigerode und seine Eisrinnen 54
Der letzte große Grat: Marltgrat 55

Gebirgskrieg 58

Die »letzten Probleme« der Bergvagabunden 60
Der erste Streich: Königspitze-Nordwand 61
Der zweite Streich: Ortler-Nordwand 62

Vergängliche Touren ... 66
- Die Schaumrolle der Königspitze ... 66
- Reinhold Messner am Ortler ... 69
- Hermann Magerer: »Erstbegehung mit R. M.« ... 70
- Peter Holl in der Ortler-Nordwand ... 72
- Ende der Erschließung? ... 72

Dem Ortler zu Füßen ... 74
- Der Vinschgau ... 75
- Sulden ... 78
- Trafoi und das Stilfser Joch ... 83
- Nationalpark Stilfser Joch ... 88
- Hütten ... 90

Klassische Touren am Dreigestirn ... 94
- Ortler – Normalweg ... 96
- Ortler – Hintergrat ... 98
- Ortler – Nordwand ... 100
- Monte Zebrù – Normalweg ... 102
- Königspitze – Normalweg ... 104
- Königspitze – Langer Suldengrat ... 106
- Königspitze – Nordwand ... 108
- Skitouren ... 110
- Wanderungen ... 112

Anhang ... 116
- Zeittafel ... 116
- Karten ... 117
- Touristische Informationen / Literatur ... 119
- Routenübersicht ... 120

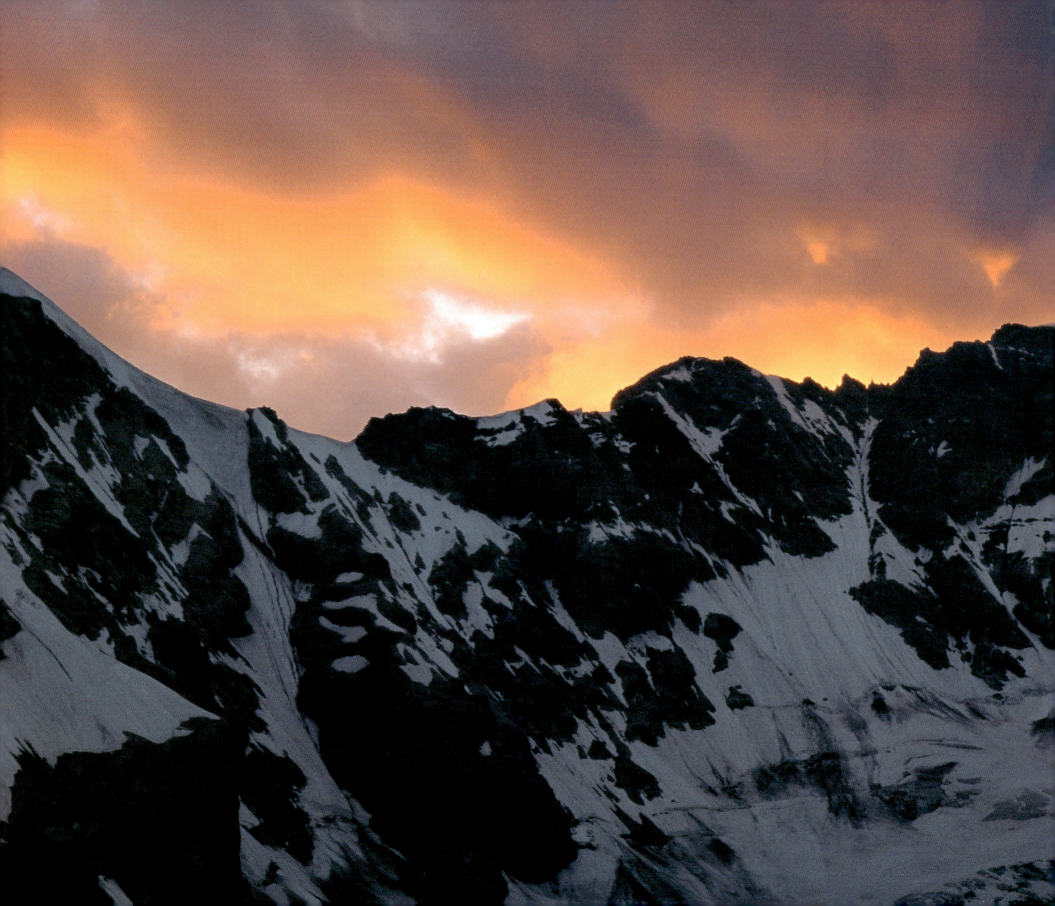

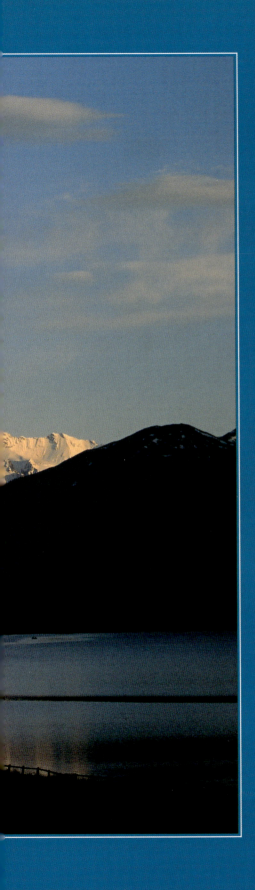

Das letzte Licht eines Traumtages im Vinschgau: Die Ortlergruppe vom Haidersee.

Der König und seine Trabanten

Eine Annäherung

Tiefblau ist das Wasser des Haidersees im obersten Vinschgau. Weiter oben liegt der Reschensee, sein Wasser ist türkis, denn es wird überwiegend von den Gletschern der Weißkugel gespeist. Der Reschensee ist in der jetzigen Ausdehnung kein natürlicher See: Ein Damm staut hier seit 1941 das Wasser. Im See versank damals das alte Dorf Graun, und nur der Kirchturm ragt heute fotogen aus den Fluten. Der Parkplatz an dieser Stelle ist immer voll, selten bietet sich so ein spektakulärer Vordergrund. Ein Vordergrund wofür?

Hinter dem Turm von Graun ragt ein gewaltiger weißer Berg in den Himmel, grob und klotzig zwar, ohne markante Linien, aber schlicht beeindruckend durch seine gewaltige Masse: Es ist der Ortler, mit 3905 m der höchste Berg Südtirols, ja ganz Tirols, der höchste Berg der Alpen östlich der Schweizer Grenze. Der Nachbarberg zur Linken hat, was dem Ortler fehlt: markante Linien, die einen der schönsten Gipfel der Alpen bilden, die Königspitze. Rechts vom Ortler reihen sich auch in den Zeiten des Gletscherrückgangs noch eisige Wände an; es sind dies die Nordwände von Eiskögele, Thurwieser Spitze und Trafoier Eiswand. Am Ortler selbst erkennt man von hier noch recht wenig, den schattigen Eisschlauch seiner berüchtigten Nordwand, die Firnschulter des Hintergrates und das Ortlerplatt, die Eisdecke, die den westlichen Gipfelbereich bedeckt. Beeindruckend ist vor allem, dass der Ortler vom Nordende des Reschensees noch 30 Kilometer Luftlinie entfernt ist und trotzdem schon so mächtig wirkt.

Der Ortler ist der höchste Berg einer weitläufigen Gebirgsgruppe, die im Norden und Osten vom breiten Tal der Etsch begrenzt wird und eine Ost-West-Ausdehnung von gut 70 Kilometern erreicht. Im Süden bildet das Val di Sole und im Westen das Veltlin die Grenzen der »Ortleralpen«. Drei Täler reichen im Osten weit in die Gebirgsgruppe hinein, das Martell- und Ultental sowie das Val di Rabbi. Die Gipfelhöhen nehmen von Ost nach West zu und das Hauptmassiv der Gruppe befindet sich ganz am Westrand. Über den Hauptkamm verläuft die Grenze zwischen Südtirol (im Nordosten), dem Trentino (im Südosten) und der Lombardei (im Westen). Im Norden führt vom Vinschgau das relativ kurze Suldental

ins Herz der Gruppe, im Süden das enge unbesiedelte Zebrùtal sowie das Valfurva.

Die höchsten Gipfel der Ortlergruppe bilden zwei getrennte Massive, die durch den Monte Cevedale (3769 m) miteinander verbunden sind. Im Süden ist es der Gipfelkranz um den Fornogletscher, der zu den größten Gletschern der Ostalpen gehört.

Nördlich des Fornokessels mit seinen bis zu 3600 m hohen Gipfeln bilden drei andere Gipfel das bekannteste Dreigestirn der Ostalpen: Ortler, Monte Zebrù und Königspitze. Diese drei Berge, ihr Aufbau, ihre Erschließungsgeschichte und die Möglichkeiten, die sie den heutigen Bergfreunden bieten, sind das Hauptthema dieses Buches.

Bis zur geologisch und geographisch begründeten offiziellen Einteilung der Ostalpen zu Beginn des 20. Jahrhunderts, die sich nur sehr langsam durchsetzte, galt die Berninagruppe noch als Teil der Westalpen, und so galt der Ortler mit seinen 3905 m auch als höchster Gipfel der Ostalpen. Diesen Titel hat ihm der Piz Bernina mit 4049 m abgenommen, und dennoch verdient der Ortler seinen alten Beinamen »König der Ostalpen« noch heute. Es wäre einseitig, die Größe eines Berges nur von seiner Höhe abhängig zu machen, denn der Ortler verdankt seinen Nimbus anderen Eigenschaften: Seiner massigen Gestalt, die alle Blicke aus dem oberen Vinschgau und vom viel besuchten Stilfser Joch auf sich zieht und vor allem seiner weit zurückreichenden Erschließungsgeschichte. Sein Gipfel war im September 1804 nach dem Großglockner der zweite Hochgipfel der Ostalpen, der publikumswirksam bestiegen wurde. In der zweiten Hälfte des 19. Jahrhunderts wurden er und seine beiden großen Nachbargipfel zum

Die Nordwand der Königspitze spiegelt sich im Hintergratsee.

Die Nordostwand des Monte Zebrù ist nur noch selten verschneit – und nur dann entfaltet das Morgenlicht seine volle Wirkung.

Spielplatz der bekanntesten deutschsprachigen Bergsteiger, die ein Netz lohnender und wiederholenswerter Hochtouren in die Flanken legten. Heute haben einige Hochtouren im Ortlereis durch den Rückgang der Gletscher und des Permafrosts ihren einstigen Glanz eingebüßt, dennoch verdient der Ortler seinen Titel auch heute noch: König der Ostalpen!

Der höchste Dolomit-Berg
Welche Gestalt ein Berg über kürzere oder längere Zeiträume erhält, hängt von vielerlei Ursachen ab: Von seiner im Lauf der Anhebung erreichten absoluten Höhe beispielsweise, die entscheidend ist, ob der Berg vergletschert ist oder nicht. Denn die Wirkung des Eises formt den Untergrund ganz anders als die Wirkung von Wind und Wasser alleine. Entscheidend für Gestalt und Höhe eines Berges ist jedoch das Material, aus dem er besteht: die gebirgsbildenden Gesteine. Beim Dreigestirn Ortler, Monte Zebrù und Königspitze wird dies so offensichtlich, dass diese drei Gipfel als Muster gelten können. Sie bestehen nämlich – anders als die Gipfel der Umgebung und anders als fast alle vergletscher-

ten Gipfel der Zentralalpen – aus Kalk! Aus einer besonderen Art von Kalk sogar, dessen Natur als erster der französische Geologe Dieudonné Sylvain Guy Tancrède de Gratet de Dolomieu (1750-1801) erkannte. Das Gestein wurde daher nach ihm benannt: Dolomit. Mit den landschaftsbildenden riesigen Dolomitstöcken der Dolomiten hängt der in der Fläche wenig ausgedehnte Dolomit der zentralen Ortlergruppe jedoch nicht zusammen. Der Ortler ist somit der höchste Dolomit-Berg, und nach dem in dieser Hinsicht ebenfalls außergewöhnlichen Eiger der zweithöchste aus einem Sedimentgestein bestehende Gipfel der Alpen.

Welchen Einfluss die Gesteinsart auf Form und Aussehen eines Berges hat, wird augenscheinlich, wenn man das Dreigestirn mit den Bergen ringsum vergleicht. Denn in Form und Höhe unterscheiden sich Ortler, Zebrù und Königspitze deutlich von ihren Nachbarbergen. Während der Dolomit in den Dolomiten meist kletterfreundliche Wände bildet, ist dies am Ortler leider nicht so. Grund dafür ist, dass die Ortlerwände um 500 Meter höher liegen als die meisten Wände der Dolomiten und so der Verwitterung durch Frostsprengung viel mehr ausgesetzt sind. Der Fels wird dadurch einerseits sehr brüchig, andererseits bleibt seine Oberfläche relativ glatt, während sie in den Dolomiten durch den Einfluss flüssigen Wassers rauh ist.

Zumindest aber die charakteristische annähernd horizontale Schichtung tritt auch in den Flanken am Ortler hervor. Bis zu 2400 Meter ist die Dolomit-Schicht des Ortlers mächtig, an der Königspitze durchzogen von vulkanischen Dioritgängen, die dort auch an die Oberfläche treten.

‹ *Blick vom Monte Cevedale (3769 m) auf die Königspitze (links) und den Ortler (rechts). Am unteren Bildrand rechts die Casatihütte.*

Im Jahrhundertsommer 2003 schmolz an der Königspitze (oben) ungewöhnlich viel Eis und Schnee ab. Dadurch wurde die Geologie der Nordwand sichtbar: Kürzlich freigelegter, gelblicher Dolomit sowie dunkle Dioriteinlagerungen. Auch an der Ostseite des Ortlers (unten) war im Sommer 2003 nicht mehr viel Firn zu sehen.

Eis und Schutt

Weil die Berge der zentralen Ortlergruppe mit Gipfelhöhen von bis zu 3905 m deutlich über die klimatische Schneegrenze hinausragen, sind die Gipfel der Ortlergruppe vergletschert. Die Schneegrenze liegt in den vom milden Mittelmeerklima beeinflussten Ortleralpen jedoch bereits deutlich höher als in den nördlich gelegenen Zentralalpen. Diese schirmen zudem den Ortler von den aus Nordwesten herangeführten Fronten ab, was dazu führt, dass in Südtirol allgemein recht wenig Niederschlag fällt. Hinzu kommt, dass viele Flanken der Gipfel steil und tief abfallen und das Gelände vielerorts erst relativ weit unten – unter der klimatischen Schneegrenze – flach genug zur Ansammlung nennenswerter Schneemassen ist. Seine Existenz verdankt der Suldengletscher also weniger einer großen, über der Schneegrenze liegenden Fläche (wie beim Ortlerplatt), sondern vor allem der »Ernährung« durch die Lawinen aus den Flanken von Ortler, Zebrù und Königspitze.

Die Gletscher rund um den Ortler sind besonders dick von Schutt bedeckt, am stärksten der Suldenferner selbst. Aus den Wänden fallen häufig Steine auf den Firn, die in den oberen Lagen jedoch wieder eingeschneit werden und so zunächst verschwunden bleiben. In tieferen Lagen schmilzt das Eis, und das Geröll bleibt auf dem Gletscher liegen.

Die Gletscher der Ortlergruppe nehmen seit den Eiszeiten am Wachsen und Schmelzen der Alpengletscher teil. Im Gegensatz zu fast allen Alpengletschern erreichte der Suldenferner seinen letzten großen Hochstand nicht erst gegen 1860, sondern bereits 1818/19, dies auch noch besonders eindrucksvoll: Bis 1817 lag das Gletscherende noch oberhalb der Legerwand, einer markanten Steilstufe zwischen 2100 und 2200 m Höhe. Im April 1817 stürzten die ersten Eislawinen über die Legerwand. An Weihnachten des selben Jahres erreichte das Gletscherende den Talgrund. Die Gletscherzunge rückte nun mit rund 2 Metern pro Tag vor, man konnte also regelrecht zuschauen, wie sich das Eis unter Krachen und Dröhnen vorwärts schob. Im Frühjahr 1819 lag das Ende der stark zerklüfteten Zunge nur mehr »380 Schritte« von den Gampenhöfen entfernt, also dort, wo heute die Talstation der Seilbahn zur Schaubachhütte steht! Danach schmolz die Zunge bis 1846 wieder langsam zurück, bevor der Gletscher zehn Jahre lang erneut vorstieß, ohne jedoch den Stand von 1819 wieder zu erreichen.

Seither schmilzt die Zunge, nur von kurzen und unbedeutenden Vorstoßperioden unterbrochen, immer weiter zurück. Ebenso nimmt seither die Schuttbedeckung immer weiter zu, so dass das Eis heute bereits unmittelbar unter den Abbrüchen

Die Zunge des Suldenferners im Frühjahr 1819, nur »380 Schritte« von den Gampenhöfen entfernt.

der Königspitze von Obermoräne bedeckt ist. Der Gletscher selbst ist inzwischen in mehrere Lappen zerfallen, das Ende der tief eingesunkenen und schuttbedeckten Zunge liegt derzeit etwa auf 2400 m.

Neben den tief in die Täler herabreichenden Gletscherzungen war die starke Vereisung der Wände und Grate die auffälligste Erscheinung des Gletscherhochstandes: Die Nordwände von Königspitze und Gran Zebrù waren vollständig vereist und bedeckten so das brüchige Gestein. Auch auf den Graten, wo heute auf langen Passagen in losem Schutt geklettert werden muss, fanden die Erstbegeher schöne Firnschneiden vor.

Seit dem neuzeitlichen Höchststand, der bei den meisten Gletschern – den Suldenferner ausgenommen – zwischen 1850 und 1860 eintrat, schmelzen die Gletscher zurück, unterbrochen von einigen Vorstoß- oder zumindest Stagnationsphasen. Seit Ende der 80er Jahre des 20. Jahrhunderts beschleunigt sich der Eisrückgang jedoch rapide und fand seinen vorläufigen Höhepunkt im Sommer 2003. Nicht das Abschmelzen des Eises im Zehrgebiet ist das große Problem, viel schwerer wiegt, dass in solchen Sommern nahezu die gesamte Firnauflage des Gletschers bis hinauf auf 3500 m verschwindet. Es schmilzt also der Winterschnee der gesamten letzten Jahre weg, der Gletscher erhält keinen Nachschub mehr, es gibt faktisch kein Nährgebiet mehr.

Für die Ortlerberge bedeutet der Rückgang des Eises nicht nur eine optische Veränderung des Erscheinungsbildes, die Folgen sind wegen des brüchigen Gesteins viel weitreichender: Viele der klassischen, ehemals grandiosen Hochtouren sind heute unbegehbar geworden, und insofern trifft der Eisrückgang die Attraktivität der Ortlergruppe doppelt.

Ein besonderes Phänomen des Ortlereises ist die Gipfelwechte der Königspitze, die man in dieser Form in den Alpen nur zeitweise am Montblanc findet: Wechten in diesem Ausmaß entstehen sonst nur durch die besonderen klimatischen Verhältnisse in den Anden oder im Himalaja. Die Gipfelwechte der Königspitze, Schaumrolle genannt, war bis Anfang der 1960er-Jahre die größte Wechte der Alpen, als sie eines Tages abbrach. Doch es bildeten sich erneut Wechten, die zwar nicht mehr so weit über die Wand ragten wie jene der 50-er Jahre, doch das Volumen des nun entstehenden Eisgebildes war größer. In der Nacht zum Pfingstmontag 2001 brach auch dieser Hängegletscher unter dem Gipfel der Königspitze ab. Rund 70000 Kubikmeter Eis, das Volumen eines dreißigstöckigen Hochhauses also, brachen mit Getöse auf den Königswandferner hinab und hinterließen eine Königspitze mit einem Doppelgipfel, der durch eine große Lücke im Gratverlauf

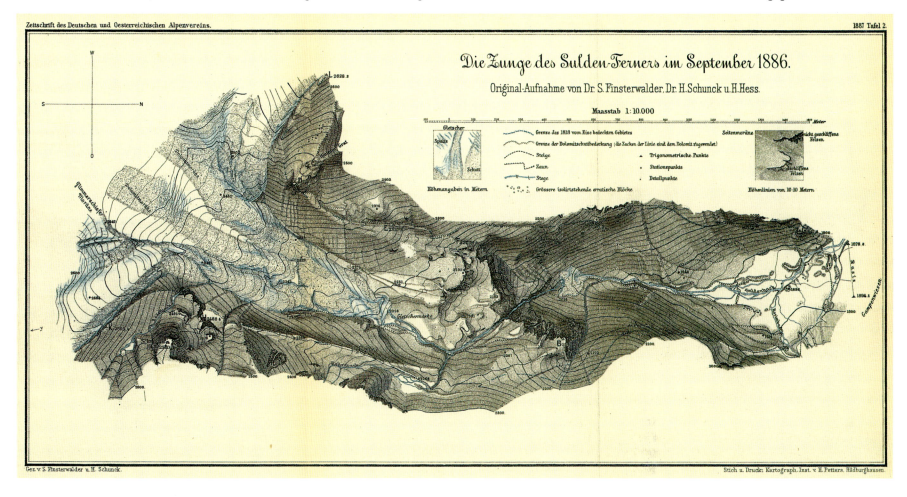

Von Sebastian Finsterwalder, einem der Pioniere der Glaziologie: Aufnahme der Zunge des Suldenferners 1886 und des in den Jahrzehnten zuvor vom Eis freigegebenen Geländes.

gebildet wurde. Seitdem hat sich der Gratverlauf durch die Winterstürme zwar wieder geglättet, doch bis die Wechte zu alter Größe herangewachsen ist, werden sicher wieder viele Jahre vergehen müssen. Falls es überhaupt wieder so weit kommt, denn der fast totale Verlust des Eises in der Nordwand der Königspitze dürfte auch Auswirkung auf die Bildung der Gipfelwechte selbst haben: Die nun felsige Wand erwärmt sich schneller, und darüber entsteht eine wenn auch geringe Thermik, welche die Wechten oberhalb schneller schmelzen lässt.

Topographie

Zum Verständnis der Schilderungen, wie die verschiedenen Seiten der Ortlerberge im Laufe der Jahrzehnte erobert wurden, wie auch für die Durchführung eigener Touren ist die Kenntnis des Aufbaus der drei zentralen Gipfel der Ortlergruppe sehr hilfreich.

Wenige der großen Alpengipfel sind so kompliziert gebaut wie der Ortler, der wesentlich mehr als die einfachen Elemente Grat und Wand aufweist. Vom 3905 m hohen Gipfel breitet sich nach Westen ein riesiges Plateau aus, das dem Gipfel nach allen Seiten einen klotzigen Eindruck verleiht. Der Gipfel selbst hebt sich nur etwa 20 Meter vom Plateau ab, das der großen Höhe wegen vergletschert ist und so den Oberen Ortlerferner trägt. Dieser fließt nach Norden ab, da das Plateau in diese Richtung leicht geneigt ist. Der unregelmäßige Untergrund sorgt aber für die Bildung großer Spalten und Brüche und lässt den Gletscher am nördlichen Rand etwas ausfransen. Das Plateau bricht nach Südwesten, Westen und Nordosten in steilen Wänden ab und sorgt so dafür, dass der Gipfel von keiner Seite leicht zu besteigen ist. Nach Süden löst sich zwar vom Vorgipfel ein Grat, der sich bald teilt und einen Ast zum Hochjoch nach Südosten, den anderen zum Ortlerpass nach Westen entsendet. Dieser Südgrat ist im Mittelteil felsig und trägt einige große, sehr schwierig zu übersteigende Türme.

Auch an seinem Nordrand mündet das Gipfelplateau des Ortlers in einen Grat, der den unbedeutenden Gipfel des Tschierfecks (3465 m) trägt, bevor er in einigen Abbrüchen absinkt und schließlich wieder zur Tabarettaspitze (3128 m) ansteigt. Jenseits trägt dieser Grat in immer noch über 3000 m Höhe die Payerhütte.

Die westlich an den Nordgrat anschließenden, nordseitig exponierten Wände brechen in eine breite Rinne ab, die »Hohe Eisrinne«, die heute allerdings eher »Hohe Schuttrinne« heißen müsste. Diese mündet wenig oberhalb von Trafoi ins Tal und bildet hier eine riesige Schutthalde. Im Westen wird der Ortler vom Unteren Ortlerferner begrenzt, der vom Ortlerpass nach Norden ins Tal fließt.

Nach Osten und Norden bricht der Ortlergipfel steil ab. Er entsendet dabei direkt vom Gipfel zunächst einen ausgeprägten Grat, der die Ostflanke in eine Südostwand und eine Ostwand teilt. Der Grat selbst ist als Hintergrat bekannt. Er senkt sich zunächst nur zögerlich und trägt einen kleinen Felskopf, den »Signalkopf«, 3725 m, bevor er breit und verfirnt zum Oberen Knott (3466 m) absinkt. Hier teilt sich der Grat, sinkt über einige weitere Abbrüche nach Osten zum Unteren Knott (3186 m) ab, bevor er am Hintergratkopf (2813 m) ausläuft. Die Südostwand, die der Ortler zwischen seinem Süd- und Ostgrat aufspannt, ist

Nur die Höhe garantiert in Zeiten heißer Sommer den Fortbestand der Gletscher: Oberer Ortlerferner, der höchstgelegene Gletscher der Ostalpen.

Die Nordwand der Königspitze ohne ihr Schmuckstück, die Gipfelwechte. Diese brach in der Nacht zum Pfingstmontag 2001 ab.

Der Monte Zebrù von Nordosten.

durch eine breite Firnrinne gekennzeichnet, deren zwei Äste am Gipfel selbst und am Hintergrat ausmünden. Es ist dies die Minnigeroderinne. Zum Südgrat selbst mündet die Harpprechtrinne.
Etwas nördlich des Gipfels löst sich noch ein Grat aus dem Plateau, der sich bald darauf nach Nordosten wendet und sich teilt: Der Hauptgrat selbst ist der Marltgrat, sein westlicher Ast der Rotböckgrat, der mit dem Bergkörper selbst die schmale Rinne der Ortler-Nordwand einschließt.

Zwischen Marlt- und Hintergrat schließlich liegt die breite, wenig gegliederte Ostwand des Ortlers, in der die mittig verlaufende Schückrinne alle Lawinen und abstürzenden Steine sammelt.
Am Fuß der Südostwand liegen die höchsten Firnbereiche des Suldenferners, der auch die Basis der anderen zwei Gipfel des Dreigestirns bildet. Die Lawinen der Ostwand nähren den End-der-Welt-Ferner, während unter der Nordwand der Marltferner liegt.

Das am Ende des Ortler-Südgrats gelegene Hochjoch (3527 m) bildet den tiefsten Einschnitt zwischen Ortler und Monte Zebrù. Sein Bau ist wesentlich einfacher: Ein etwa 600 Meter langer Grat bildet einen Südost- und einen Nordwestgipfel, von denen letzterer mit 3740 m der höhere ist und somit den Gipfel des Zebrù selbst bildet. Nach Nordosten bricht der durch den langen Verbindungsgrat breit gebaute Zebrù in einer gleichförmigen Wand auf den Suldenferner ab. Von den beiden Gipfeln lösen sich jeweils ein Grat nach Südwesten, wobei der nördliche dieser Grate ausgeprägter ist und über eine Schulter den Normalweg auf den Zebrù vermittelt. Nach Norden fällt der Hauptgipfel in einer steilen Firnflanke ab, der Südostgipfel nach Süden mit einer Felsflanke auf einen Gletscherkessel, der den Zebrù von der Königspitze trennt.
Im südöstlichen Gratverlauf trennt das Suldenjoch (3427 m) den Monte Zebrù von der Königspitze, die im Italienischen »Gran Zebrù« heißt.

Die Königspitze ist einer der schönsten Hochgipfel der Ostalpen, zumindest solange sie noch von Eis und Schnee bedeckt ist.
Ihre imponierende Erscheinung verdankt sie zum einen ihrer absoluten Höhe, die mit 3859 m nur wenig unter der des Ortlers bleibt. Vor allem aber stürzen ihre Flanken nach allen Seiten sehr steil ab und bilden so einen allseits beeindruckenden Berg, der je nach Blickrichtung einem Trapez (von Westen bzw. Südwesten), einem Kegel (von Südosten) oder einer schlanken Pyramide (von Osten) gleicht. Schauseite jedoch ist die breite Nordwand, die durch den West- (Suldengrat) und den weniger ausgeprägten Ostgrat aufgespannt wird. Die Nordwand ist 600 Meter hoch und bricht auf einen fast unzugänglichen kleinen Gletscherkessel ab, aus dem das Eis über eine weitere 600 Meter hohe Wandstufe auf den Suldenferner fließt. An den gleichmäßig und ungegliedert in eine Flanke

übergehenden Ostgrat schließt sich südlich ein steiler Eishang an. Über diesen Hang führt der einfachste Anstieg auf die Königspitze.

Im Süden prägt eine breite, konvex geformte Flanke die Form des Berges. Nur im Westen führt ein großer, ausgeprägter Grat zum Gipfel: der Suldengrat. Er fällt vom Gipfel zunächst verfirnt ab, bleibt dann lange Zeit horizontal und trägt dort einige Türme, bevor er sich auf 3752 m teilt. Der Hauptgrat fällt nun steil zum Suldenjoch ab, der andere Ast rechtwinklig nach Norden auf eine Firnschulter, die ihrerseits in einer breiten Wand auf den Suldenferner abbricht und so den Kessel unter der Nordwand einrahmt.

Alle Grate, Wände, Rippen und Rinnen von Ortler, Zebrù und Königspitze wurden in den letzten 200 Jahren begangen, wobei heute auf Grund des brüchigeren Gesteins nur noch wenige Routen wiederholt werden.

Die Erforschung der Ortleralpen

Oft zitiert und dadurch Legende ist der Eintrag des Kartographen Peter Anich in seinem 1774 erschienenen Atlas Tyrolensis, in dem er den »Ortles Spiz« als »der Höchste im ganzen Tyrol« bezeichnet. Bemerkenswert ist dabei zunächst der direkte Hinweis auf die Höhe eines Berges (wenn auch nicht absolut), den man auf früheren Karten des Alpenraums vergeblich sucht. Die Römer schätzten die Gipfelhöhen der ihnen höchst hinderlichen Alpen auf umgerechnet 74 Kilometer (!), ansonsten waren die eigentlichen Gipfel sowieso nicht von Interesse: Als »Berg« oder sogar »Gipfel« wurden bis ins 19. Jahrhundert lediglich die Passhöhen bezeichnet. Sie waren oft-

Ausschnitt aus Peter Anichs Atlas Tyrolensis. Rechts unten der berühmt gewordene Eintrag »Ortles Spiz der Höchste im ganzen Tyrol«.

mals Herausforderung genug, und hatte man sie erreicht, war wenigstens die Mühe des Aufstiegs bei der lästigen Alpenüberquerung zumindest vorläufig vorbei – nicht aber die Gefahren durch Lawinen, Steinschlag und Räuberbanden, die im Schutz des Geländes operierten. Peter Anich stellt so die Höhe eines ausgewählten Gipfels erstmals als beachtenswert dar.

Seine Karte ist aber auch ein Meisterwerk in der Geschichte der Kartographie, denn sie basiert als erste großräumige Karte eines Alpengebiets auf wirklichen Vermessungen in Lage und Höhe, weit vor der meist durch Napoleons Gesetzgebung angeregten organisierten Vermessung in vielen Teilen Europas.

Abgesehen davon, dass die Höhe der Berge lange Zeit nicht wirklich von Interesse war, war auch ihre Bestimmung mangels entsprechender Instrumente gar nicht so einfach: So mancher »höchste« erscheint optisch niedriger als seine Nachbargipfel, weil er weiter entfernt ist. Allenfalls das an den höchsten Gipfeln zuerst erscheinende und zuletzt verlöschende Licht der Morgen- bzw. Abendsonne gab einen weiteren Hinweis.

Dass Anich jedoch richtig erkannte, dass der Ortler höher ist als der auf der Tiroler Grenze liegende Großglockner, war weniger eine geodätische Glanzleistung gewesen als vielmehr eine Behauptung: Anich war nie in der Region des Großglockners und konnte ihn somit auch nicht vermessen haben. Seine Existenz und Bedeutung war ihm dennoch bewusst, denn in seinem Atlas ist er einwandfrei bezeichnet – freilich ohne wie auch immer geartete Höhenangabe.

Die erste Vermessung der Gipfel in den Ortleralpen, die systematisch durchgeführt wurde und endlich die vergleichbaren Angaben im Metermaß lieferte, war jene des österreichischen Militärs. Der Ortler erhielt dabei den Wert von 3899 m, knapp unterhalb der magischen Grenze von 3900

Metern also. Die Königspitze maß demnach 3859 m, der Zebrù 3740 m, jeweils über dem Adriapegel von Triest.

Nachdem der Ortler 1918 italienisch wurde, führten auch die Italiener eine neuerliche Vermessung durch, die für den Ortler 3905 m, für die Königspitze 3851 m und für den Zebrù 3735 m ergab. Die Differenzen ergeben sich dabei nicht aus unterschiedlichen Bezugshöhen, sondern dürften vielmehr in den noch nicht perfektionierten Messverfahren und den sich ändernden Verhältnissen der aus Schnee und Eis bestehenden Gipfel liegen. Man findet heute auf manchen Karten und Führern beide Angaben, was eher zu Verwirrung führt. Auf den italienischen Karten haben sich natürlich die italienischen Höhen durchgesetzt und sind heute auch allgemein anerkannt. Bei Bergsteigern – und oft auch in der Touristikwerbung – ist zuweilen jedoch auch die Regel »Gültig ist der jeweils höhere Wert!« verbreitet.

Payers Rolle als Ortler-Topograph
Die Qualität einer topographischen Karte ist bis heute oftmals Ausdruck des Standes der Erforschung eines Gebiets. Für die Topographie der Ortlergruppe war dabei Anichs Meisterwerk wenig hilfreich, weil der Maßstab viel zu klein war. Das Gleiche gilt für die »Karte von Tirol« von 1806 im Maßstab 1:144.000.

Im Alter von 21 Jahren kam im Jahr 1862 ein junger, mittelloser, aber begeisterter Bergsteiger ins Adamello-Gebiet und bestieg dort mehrere Gipfel: Julius Payer. Von 1865 an wandte er sich den Ortleralpen zu. Mit Zeichnungen und Skizzen der

◁ *Im Juli entfalten die Alpenrosen ihre volle Blütenpracht. Im Hintergrund die Trafoier Eiswand.*

▷ *Das berühmteste Dreigestirn der Ostalpen aus dem Wanderrevier um die Düsseldorfer Hütte.*

Julius von Payer

* 2. September 1841 in Schönau bei Teplice
† 29. August 1915 in Veldes bei Bled

Julius von Payers Berühmtheit gründet weniger auf seinen alpinistischen Leistungen, sondern auf seiner Tätigkeit als Polarforscher, für die er später geadelt wurde.

Als Bergsteiger führte Payer in jungen Jahren über 30 Erstbegehungen in der Glockner- und Ortlergruppe aus, wobei er in letzterer besonders aktiv war. Das frühe Interesse des jungen Offiziers galt dabei der Topographie und Kartographie, und so erstellte er bei jeder seiner Gipfelbesteigungen detaillierte Skizzen der Aussicht. Durch begleitende eigene Vermessungen erstellte er auf dieser Basis die erste brauchbare Karte der Ortlergruppe.

Payer verdiente sich damit früh den Ruf eines ausgezeichneten Naturforschers und wurde später Professor der Militärakademie. Nachdem er schon an der 2. Deutschen Nordpolarexpedition 1869/70 teilgenommen hatte, war er als Kommandant der Landreisen an der Leitung der österreichisch-ungarischen Nordpolexpedition 1872 – 1874 beteiligt, bei der u.a. das Franz-Joseph-Land entdeckt und von Payer so benannt wurde.

Die Jahre 1884 bis 1890 verbrachte er in Paris und eröffnete nach der Rückkehr nach Wien eine Malschule. Zahlreiche Veröffentlichungen (u.a. das 4-teilige Werk »Die Ortleralpen«), Bleistiftskizzen und dokumentarische Bilder seiner Expeditionen hinterließ Payer der Nachwelt.

besuchten Berge versuchte er seinen bescheidenen Sold aufzubessern. Dabei wuchs sein Interesse für die Topographie und bald war es sein Ziel, für die Ortlergruppe die erste genauere Karte zu zeichnen. Von 1865 bis 1868 bestieg Payer in den Ortleralpen mehr als 50 Gipfel, 22 davon als erster – mit seinem glänzenden Führer Johann Pinggera. Seine wichtigste Erstbegehung war dabei die des Monte Zebrù und der anschließende Abstieg vom Hochjoch direkt hinunter auf den Suldenferner.

Durch seine genauen Ansichtsskizzen und Vermessungen konnte Payer die erste genauere Karte des Suldener Talkessels zeichnen – und schließlich auch die Karte der zentralen Ortlergruppe im Maßstab 1:48.000, in der erstmals der Monte Zebrù gleichberechtigt zu Ortler und Königspitze dargestellt wird. Payer benannte auch viele der bis dahin ohne Namen gebliebenen Pässe und Gipfel. Seine Karte blieb lange Zeit die Grundlage weiterer Forschungen, so auch der ersten Untersuchung des Suldenferners durch Sebastian Finsterwalder im Jahr 1886.

Auf der Karte Payers basierend erschien 1872 die Alpenvereinskarte »der centralen Ortlergruppe« von Karl Haushofer und Carl Hoffmann, die in einer Ausgabe von 1891 erheblich erweitert wurde und nun auch das Martelltal erfasste. Auf dieser Karte waren auch erstmals Höhenlinien eingezeichnet. Die moderne Alpenvereinskartographie führte die Karte der Ortlergruppe jedoch nicht weiter.

Namensgebung

Nur wenige Berge der Alpen tragen einen wirklichen Eigennamen. Oftmals sind es recht einfallslose Namen, sie verweisen auf ein charakteristisches Erscheinungsbild des Berges (Weißhorn), werden zu bloßen Ziffern einer natürlichen, den Talort umgebenden Sonnenuhr degradiert (Aiguille du Midi, Meije oder die unzähligen Zehner, Elfer usw. der Dolomiten), oder zum Hausberg des Dorfes zu ihren Füßen (Täschhorn), fast immer versehen mit dem Zusatz »-spitze«, »-horn« oder ähnlich.

Eine Ausnahme bildet der Ortler, dessen Name ein echter Eigenname ist, auch wenn er vom Ortlerhof auf den Berg selbst überging. Im Italienischen heißt er Ortles, auch auf Österreichischen Karten des 19. Jahrhunderts findet man manchmal diese Bezeichnung. Wie der Ortlerhof zu seinem Namen gekommen ist, bleibt freilich im Dunkeln, und Pfarrer Hurton von Sulden vermutet gar, der Name des Berges sei auf den Hof übergegangen – nach dieser These wäre die Herkunft des Bergnamens wieder ungeklärt.

Die Königspitze wird seit dem 18. Jahrhundert so genannt, ihr italienischer Name Gran Zebrù unterscheidet sie vom Monte Zebrù. Das Wort Zebrù setzt sich aus den keltischen Wurzeln »se« für (guter) Geist und »bru«, der Kurzform von »brugh« für Burg, zusammen, bedeutet also »Geisterburg«. Der Name ging von den zwei beherrschenden Bergen auf das Tal über.

»Cevedale« ist die von der Südseite her entstandene italienische Ansprache des Gipfelstocks, der von Nordosten mit den »Zufallspitzen« bezeichnet wird; wobei letztere nichts mit dem statistischen Begriff zu tun haben. »Zufáll« kommt viel mehr von den Matten im Martelltal, die wegen ihrer Nähe zu einem Wasserfall »Zu Fall« hießen.

Eine Karte, mit der man noch heute aufbrechen könnte: Eine der Ortlerkarten Julius Payers. Sie unterscheidet sich in der Fels- und Gletscherdarstellung deutlich von anderen Gebirgskarten dieser Zeit und weist so ihren Schöpfer als Autodidakten aus.

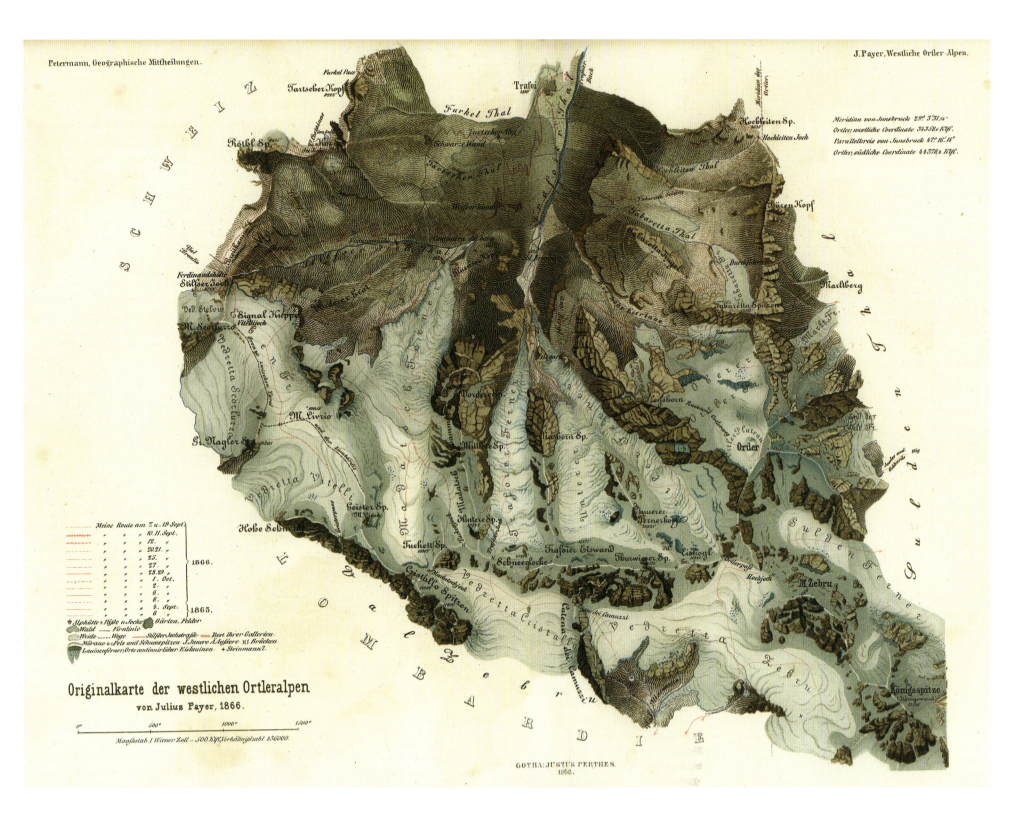

Die westliche Ortlergruppe, gesehen vom Piz Terza über das Münstertal hinweg. V.l.n.r.: Ortler, Thurwieserspitze, Trafoier Eiswand, Madatschspitzen, Geisterspitze und Monte Cristallo.

Königspitze, Zebrù und Ortler aus der Umgebung des Eisseepasses. In der Tiefe der Suldenferner, der jedoch fast ganz vom Schutt aus den Wänden bedeckt ist.

200 Jahre Alpinismus

Erstbesteigungen

Der Pseyrer Josele und die Hinteren Wandlen
Wenn Menschen in den Jahren vor etwa 1800 auf Gipfel stiegen, dann waren es in der Regel Bauern, Jäger oder Kristallsucher, die dies nur aus einem Grund taten: Sie folgten ihrem Broterwerb und hatten somit handfeste Gründe, die nichts mit den heute von Psychologen mühsam erklärten Motiven der heutigen Gipfelstürmer zu tun hatten. Die höchsten, vergletscherten Gipfel blieben daher fast alle unberührt, denn dort fand man weder Kristalle noch Gämsen, und auch Erze ließen sich in solchen Höhen nicht rentabel abbauen. Die Ausnahmen im Bereich der Ostalpen waren der Ankogel und das Große Wiesbachhorn, die von Bauern aus den jeweiligen Talorten noch vor 1780 bestiegen wurden.

Ansonsten war, wenn es um die Besteigung hoher Gipfel ging, damals stets die Anregung eines Geistlichen, Gelehrten oder Adligen nötig, um die Einheimischen dazu zu motivieren, die eisigen Höhen aufzusuchen. Die »Anregung« bestand dabei entweder in Form von Geld oder aber im handfesten militärischen Auftrag, den Gipfel zu besteigen. Am 7. August 1786 standen so mit Jacques Balmat und Gabriel Paccard die ersten Menschen auf dem Gipfel des Montblanc. Neben der grandiosen abendlichen Aussicht hatten sie dabei wohl auch den seit 26 Jahren vom Gelehrten Horace Benedict de Saussure auf die Gipfelbesteigung ausgesetzten Preis von 20 Goldtalern vor Augen. Am 28. Juli 1800 standen die ersten Menschen auf dem Gipfel des Großglockners, ausgerüstet und entlohnt vom Fürstbischof von Gurk, Graf Salm-Reifferscheidt, der sich auf Anregungen seines Generalvikars Sigmund von Hohenwart die Erstbesteigung dieses stolzen Eisberges in den Kopf gesetzt hatte.

Ähnlich ist die relativ frühe Erstbesteigung des Ortlers zu erklären. Zu Beginn des 19. Jahrhunderts entschloss sich der gerade 20-jährige Erzherzog Johann, Bruder des regierenden Kaisers Franz II. (ab 1806 Kaiser Franz I. von Österreich), eine große Tirolreise anzutreten. Diese führte ihn im Sommer 1804 auch in den Vinschgau, in den er über den Reschenpass einreiste. Von der imposanten Gestalt des Ortlers war er sichtlich beeindruckt und äußerte die Vermutung, dieser Gipfel könne sich in seiner Höhe wohl mit denen der Schweiz und Savoyens messen. Johann beauftragte seinen Sekretär, Vertrauten und »Bergoffizier« Dr. Gebhard mit der Erforschung des Vinschgaus an den Grenzen zu Graubünden.

Er sollte ferner Erkenntnisse über die Sitten und Gebräuche, über Mineralogie und Botanik, Industrie und Bildung der Bewohner einholen. Vor allem aber war sein Auftrag, einen Weg zum Gipfel des Ortlers zu finden und ihn zum Ruhme Österreichs zu besteigen. Immerhin war der Ortler, wie Peter Anich bereits 1774 erkannt hatte, der höchste Berg der Monarchie.

Mit zwei bewährten Gefährten aus dem Zillertal, Johann Leitner und Johann Klausner, traf Gebhard am 28. August 1804 im Suldental ein und erregte einiges Aufsehen in dem abgeschiedenen Bergdorf St. Gertraud. Den Grund seiner Anwesenheit verkündete er auch gleich auf dem Dorfplatz vor den zusammengelaufenen Einwohnern. Die lachten freilich nur und ein Bauer murmelte »Auf dem Ortlereis wirst ausrutschen, Manndele«, bevor er wieder davonzog. Dennoch brauchte Gebhard mit Hilfe der mitgebrachten Kreuzer nicht allzu viel Überzeugungskraft, um einige Männer für einen ersten Versuch zu gewinnen.

Bereits am folgenden Tag wurde der Berg erkundet, mit wenig verwertbaren Ergebnissen. Die Bauern, die den Berg seit Jahrzehnten gleichgültig vor Augen hatten, sahen ihn nun plötzlich mit ganz anderen Augen, galt es doch, einen Weg zum Gipfel zu finden. Betrachtet man den Ortler von Sulden oder den jenseitigen, östlich des Dorfes gelegenen Hängen, so wird die Schwierigkeit, aus der Ferne einen Weg zu erkennen, deutlich. Nirgends zeigt der Berg irgendwo eine Schwachstelle, führt ein flaches Stück hinauf auf das weitläufige Gipfelplateau.

Am 31. August 1804 versuchten die beiden Zillertaler mit sieben weiteren Begleitern aus Sulden einen Aufstieg über die Tabarettawand, direkt über der heutigen Tabarettahütte. Er scheiterte genauso wie die folgenden Versuche. Dr. Gebhard war inzwischen ernsthaft erkrankt und musste am 5. September nach Mals hinuntergebracht werden, wo er über eine Woche ans Bett gefesselt war. Nach dem vierten und fünften Versuch am 8. und

»Auf dem Ortlergipfel«, Bleistiftzeichnung des berühmten Alpenmalers E. T. Compton.

13. September meldete sich am 22. September ein Harfenist bei Gebhard. Dieser beeindruckte vor allem durch seine Eloquenz, die Gebhard schon vor Beginn des Unternehmens misstrauisch werden ließ: »Mein Harfenist kramte auch bei mir seine Beredsamkeit aus, wie er nicht allein in Europa, sondern auch in Ost- und Westindien die höchsten Berge erklimmt hätte. Er war Prahlhans genug, mir zu versichern, dass er einen Weg finden werde, der mich bequem und sicher auf die Spitze führe; er zweifle nicht, ihn in kurzer Zeit so herzustellen, dass ihn sogar Pferde passiren könnten, auch besitze er die geheime Kunst, ein elektrisches Feuer auf dem Eise hervorzubringen und dadurch einen längeren Aufenthalt auf der Spitze, auch bei größter Kälte, möglich zu machen.«

Auch wenn Gebhard gleich erkannte, dass er hier einen Mann mit größerem Mundwerk als Tatkraft vor sich hatte, gab er ihm seine beiden Zillertaler Gefährten mit, war es doch inzwischen Ende September und die Hoffnung auf die Erfüllung seines Auftrags schwand zusehends. Es war der sechste Versuch, von dem Leitner und Klausner nach drei Tagen allein zurückkamen und Bericht erstatteten. Der Harfenist habe sich kaum auf die Eisfelder vorgewagt, sei beim Essen der Erste und beim Aufstieg immer der Letzte gewesen.

Weitere Männer meldeten sich bei Gebhard, der jedoch inzwischen gemerkt hatte, dass diese mehr am Vorschuss als an einem wirklichen Versuch interessiert waren. So schien die Prophezeiung des Suldener Bauern vom 28. August in Erfüllung zu gehen, und Gebhard erwog schon die Heimreise, als sich gegen Mittag des 26. September ein klein gewachsener Mann mit nicht ganz geraden Beinen und auch sonst von schmächtigem Aussehen bei ihm meldete. Es war Josef Pichler aus St. Leonhard im Passeiertal – genannt »Pseyrer Josele«, der zumindest den Ruf eines gewandten Gämsjägers hatte. Und anders als seine Vorgänger war der Mann auch bescheiden genug, denn auf die Frage nach seinen Ansprüchen antwortete er nur: »Jetzt wage ich es; gelingt es mir gut, so werden Sie mir geben, was Sie den Anderen versprochen haben, gelingt es mir nicht, so brauche ich keinen Lohn.«

Und so zog er unter der Begleitung der beiden Zillertaler Klausner und Leitner von Mals nach Gomagoi und von dort, nicht wie alle anderen Anwärter zuvor, ins Suldental hinauf, sondern nach Trafoi. Am frühen Morgen des 27. September brachen die drei auf und stiegen hinter den Heiligen Drei Brunnen die Hänge hinauf zum Unteren Ortlerferner. Über den stark zerrissenen Gletscher erreichten sie die obere Einbuchtung des Gletschers zum Ortler hin und stiegen hier rechts der steilen Firnrinne hinauf, die den Zugang zum Oberen Ortlerferner vermittelt. Dies tut sie nicht in einem Zuge, die Rinne endet nach zwei Dritteln der Wandhöhe unter den Kalkabbrüchen. Doch über Bänder und Absätze gelangten die drei trotz Schwierigkeiten im III. Grad auf das eisbedeckte Ortlerplatt, das ihnen keinen Widerstand mehr entgegenbrachte. Zwischen zehn und elf Uhr am 27. September erreichten Josef Pichler, Johann Klausner und Johann Leitner den Ortlergipfel. Um acht Uhr abends kehrten sie nach Trafoi zurück, sie waren über denselben Weg wieder abgestiegen. Unbedingt erwähnt werden muss, dass die drei weder Steigeisen noch Seil, ja nicht einmal einen Pickel oder eine Axt zum Stufenschlagen dabei hatten und trotzdem für die damalige Zeit unglaubliche Schwierigkeiten überwunden hatten: Bis zu 50° im Firn und III im brüchigen Fels!

Von der Besteigung liegt leider kein Bericht vor. Dies mag daran liegen, dass die drei Beteiligten weder lesen noch schreiben konnten und auch Dr. Gebhard keinen detaillierten Bericht von ihrer Schilderung schrieb. Am 1. Oktober schrieb er an Erzherzog Johann die erfreuliche Nachricht der Erstbesteigung, seine Darstellung des Anstiegs ist jedoch recht undeutlich, was vor allem daran liegen mag, dass Gebhard krankheitsbedingt nicht dabei war.

Der Weg der Erstbesteiger wurde erst durch die Besteigungen Schebelkas 1826 und Thurwiesers 1834 im Detail bekannt, denn beide wählten den inzwischen nicht mehr ganz jungen Pichler als Führer, der mit ihnen den selben Weg wie bei der Erstbesteigung ging.

Der Erzherzog war hocherfreut über die gelungene Erstbesteigung, gleichzeitig aber noch nicht zufrieden mit dem Weg. Auch von Sulden müsse es eine Möglichkeit geben, den Gipfel zu erreichen. So beauftragte er Gebhard, 1805 erneut nach Sulden zu reisen und eine weitere Besteigung auszuführen. Dem war es inzwischen auch ein persönliches Anliegen,

Josef Pichler (Pseyrer Josele)

* 1765 in St. Leonhard im Passeiertal
† 1854 in Schluderns

Nach Kindheit und Jugend im Passeiertal fand Josef Pichler eine Anstellung als Gämsjäger auf der Churburg in Schluderns, die noch heute eindrucksvoll über dem Vinschgau thront. Als er 1804 hörte, ein österreichischer Offizier suche jemanden, der einen Weg zum Ortlergipfel finde, meldete sich der klein gewachsene Pichler und ging so als Erstbesteiger des Ortlers in die alpine Geschichte ein.

Auch im folgenden Jahr war er der unabdingbare Führer für die Besteigungen über den Hintergrat. 1826 erreichte er ein weiteres Mal den Gipfel, und 1834 blieb er als 70jähriger nur knapp unterhalb erschöpft zurück.

selbst auf den Ortler zu steigen. Nach den guten Erfahrungen mit dem Pseyrer Josele berief er diesen wieder als Führer und erlaubte ihm, sich seine Gefährten selbst auszusuchen. Es waren dies Johann und Michael Hell aus seiner Heimat, sowie ein Gämsjäger aus dem Langtauferer Tal. Am 15. Juni 1805, also sehr früh im Jahr, trafen die vier in Sulden ein. Zunächst erbauten sie mit Hilfe der Einheimischen eine Hütte, die auf dem Plateau gestanden haben dürfte, an dessen Südrand heute die Hintergrathütte steht. Pichler erkannte im Ostgrat des Ortlers, der wegen seiner Lage »der Hintere Grat« genannt wurde, die beste Möglichkeit, den Ortler von Osten zu erreichen. Tatsächlich gelangen ihm bereits im Juli und August 1805 zwei Besteigungen über den Hintergrat bis zum Gipfel. Die genauen Tage wurden nicht festgehalten, erst am 13. August traf auch Gebhard in Sulden ein und erfuhr von den ausgeführten Besteigungen. Der Hintergrat mag damals durch die Schneelage leichter gewesen sein als heute, doch stellt auch diese Erstbegehung eine unerhörte Leistung dar. Der Hintergrat ist vergleichbar mit den kombinierten Graten auf die Viertausender der Westalpen, die erst fünfzig bis sechzig Jahre später erstbestiegen wurden!

Dr. Gebhard selbst blieb vom Pech verfolgt, denn seine für den 16. August geplante Besteigung auf dem mittlerweile versicherten Grat fiel dem einfallenden Schlechtwetter zum Opfer. Dieses hielt sich so lange, dass Gebhard nach elf Ta-

Die »Hinteren Wandlen« (Südwestwand) des Ortlers. Der Anstieg Pichlers folgte den schneebedeckten Felsen rechts der eingeschnittenen Rinne in der Bildmitte.

gen Aufenthalt in Sulden wieder nach Mals hinunter zog, um eine Besserung und vor allem die Wiederherstellung des Weges abzuwarten. In Mals glaubte ihm freilich keiner, was er von den Vorgängen im Hochtal unter dem Ortler erzählte, und auch die Erstbesteigung des vorigen Jahres wurde stark angezweifelt. Es war nun nicht nur seine Absicht, selbst auf dem Gipfel zu stehen, sondern auch den Vinschgauern die Besteigbarkeit des Eisdomes zu beweisen.

Er ließ deshalb seinen Männern in Sulden eine Fahne aus schwarzem Tuch mitgeben, die diese auf dem Gipfel hissen sollten. Am 27. und 28. August wartete Gebhard ungeduldig in Mals am Fenster, während ihn mehrere Offiziere immer wieder hämisch fragten, ob denn die Fahne schon zu sehen sei. Genervt verließ er am Vormittag des 28. sein Zimmer und ging mit dem Fernrohr in der Tasche einige Schritte spazieren, als er deutlich die Fahne auf dem Gipfel erkannte, gleich zurücklief und nun alle triumphierend überzeugen konnte. Da der Weg nun offensichtlich wiederhergestellt war, reiste Gebhard jetzt selbst wieder nach Sulden, um sich zusammen mit dem Stilfser Hilfspriester Rechenmacher über den Hintergrat zum Ortlergipfel führen zu lassen. Der Grat war gut präpariert, im steilen Firn hatten die Führer Trittstufen angelegt und auf den ausgesetzten Abschnitten Seile gespannt. Trotz kalten Nordwindes blieben Gebhard und Pater Rechenmacher zwei Stunden am Gipfel, führten ihre Messungen mit den mitgeführten Baro- und Thermometern aus und bestimmten den Ort, an dem eine »25 bis 30 Fuß« hohe Gipfelpyramide errichtet werden sollte.

Am 5. September war er wieder zurück in Mals. Vorher hatte er seinen Leuten in Sulden noch aufgetragen, möglichst viel Holz auf den Gipfel zu bringen, um am Abend des 13. September dort ein Feuer zu zünden, das allen noch Ungläubigen die Besteigung beweisen sollte. Dies gelang auch: Die Feuersäule war mit bloßem Auge zu sehen und brannte bis zehn Uhr abends. Bereits drei Tage später bestieg Gebhard den Ortler wieder, diesmal nur von seinem Gefährten aus dem Zillertal, Johann Klausner, begleitet. Wegen des guten Wetters blieben die beiden diesmal vier Stunden auf dem Gipfel und beaufsichtigten die Arbeiten an der Gipfelpyramide.

Diese wäre wohl auch fertig gestellt worden, einschließlich des geplanten Faches aus Marmor zur Aufnahme eines Barometers und Thermometers sowie einer Flasche mit den Namen und der noch jungen Besteigungsgeschichte des Ortlers. Am 17. September wurde das Wetter jedoch so schlecht, dass in jenem Jahr keine weiteren Besteigungen mehr ausgeführt werden konnten. Noch im Herbst des gleichen Jahres kam es zum Krieg mit Napoleon, so dass 1806 niemand nach Sulden kam, um die Arbeiten zu organisieren – die begonnene Pyramide zerfiel unter Wind und Schnee, und es sollte 21 Jahre dauern, bis der Ortler wieder bestiegen wurde!

Erzherzog Johann blieb naturwissenschaftlich interessiert. Er wirkte an der Gründung zahlreicher heute noch bestehender Einrichtungen mit, wie der Montanuniversität Leoben oder dem Steiermärkischen Landesarchiv. Er war selbst begeisterter Bergsteiger, 1821 beauftragte er die Erstbesteigung des Großvenedigers; der vergebliche Versuch hätte jedoch beinahe in einer Katastrophe geendet, als der Führende von einer Nassschneelawine mitgerissen wurde. Die Erzherzog-Johann-Hütte auf der Adlersruhe am Großglockner erinnert bis heute an den volkstümlichen Vertreter des Hauses Habsburg.

Die Besteigungen Schebelkas und Thurwiesers

Erst im Jahr 1826 wurde der Gipfel des Ortlers wieder erreicht. Nun soll im Folgenden natürlich nicht jede einzelne Besteigung des Berges aufgeführt werden, zumal, wenn sie über bereits eröffnete Anstiegswege führte. Die folgenden zwei Besteigungen des Ortlers, die durch Schebelka 1826 und Thurwieser 1834 verdienen dennoch der Erwähnung. Denn in beiden Fällen wurde wieder Josef Pichler als Führer gewählt, im Falle Thurwiesers war er schon 70 Jahre alt! Und, bedingt durch die Umstände, wählte dieser beide Male wieder den Weg der Erstbesteigung über die Hinteren Wandln. Wir wüssten heute so gut wie nichts über den Weg der Ortler-Erstbegeher, hätten nicht Schebelka und Thurwieser über ihre Besteigungen auf diesem historischen Weg ausführlich berichtet.

Am 10. August 1826 kam der Offizier Schebelka aus Wien nach Mals, in der Absicht, den Ortler zu besteigen. Mittlerweile waren seit den letzten Besteigungen über zwanzig Jahre vergangen. Wiederum wurde ihm der Pseyrer Josele als der einzige empfohlen, der ihn hinaufführen könnte. Nun war es zunächst doch die Absicht Pichlers, über den Hintergrat aufzusteigen, der sich bei den zahlreichen Besteigungen 1805 bewährt hatte. Er erkundete den Anstieg vor der Besteigung mit Schebelka und musste feststellen, dass eine riesige Spalte den Weg versperrte. So erinnerte er sich an seinen ersten Ortlerweg.

Am 20. August kamen Pichler, Schebelka und vier weitere Begleiter nach Trafoi und stiegen zur Schäferhütte am Bergl (ungefähr dort, wo die heutige Berglhütte steht). Dort übernachteten sie. Um halb vier am nächsten Morgen ging es los:

Gewaltige Spalten am heutigen Ortler-Normalweg über den Oberen Ortlerferner; der Gipfel spitzt rechts oben heraus.

über den Unteren Ortlerferner hinauf bis zur Bucht, die den Einstieg in die Rinne vermittelt. Gegen halb drei erreichten sie den Gipfel, einige mit erheblichen Problemen wegen der Höhe. Der Bericht Schebelkas ist recht übertrieben geschrieben, was die Dimensionen und Gefahren betrifft. Er strotzt vor »senkrechten Wänden« und »nur zollbreiten Vorsprüngen«, über die die Besteigung führte. Vor allem wirft sein Bericht ein trübes Bild auf seine bergsteigerischen Fähigkeiten: Für den Abstieg über die Felswand ließ sich Schebelka die Augen verbinden (!), um die Tiefe nicht sehen zu müssen: »Einigemale nahmen mich Zwei in die Mitte und ich umfasste sie am Halse, und nun hörte ich nur das Gepolter der nachrollenden Steine, die neben und vor uns herunterstürzten, während ich, die Füße vom Boden erhoben, mit ihnen hinabglitt, bis der Strick zu Ende war.« Erst um zwei Uhr in der folgenden Nacht erreichte die Partie wieder die bewachsenen Hänge des Bergls; sie hatten also fast 24 Stunden von der Schäferhütte zum Gipfel und wieder zurück benötigt! Manch langsamen Bergsteiger von heute mag dies trösten.

Es wundert nicht, dass der alte Pichler, als er acht Jahre später von Peter Carl Thurwieser angeheuert wurde, zunächst nichts von dem Unternehmen wissen wollte und seine letztendliche Zustimmung schließlich mit den Worten verband: »Ich getrau mich schon, noch einmal hinaufzukommen, aber mit einem Solchen wie letztes Mal ginge es nimmer!«

Thurwieser, Professor für orientalische Sprachen in Salzburg und späterer Namenspatron für die stolze Thurwieserspitze westlich des Ortlers, kam im August 1834 in den Vinschgau und beauftragte den Sohn Pichlers, seinen betagten Vater zu überreden, ihn auf den Ortler zu führen. Als Thurwieser den Pseyrer Josele dann sah, war er natürlich enttäuscht, denn der Siebzigjährige machte keinen allzu starken Eindruck mehr. Mit schmeichelnden Worten über seine früheren Besteigungen konnten Thurwieser und Pichlers Sohn Felix den Alten schließlich doch noch dazu überreden, noch einen Aufstieg zu wagen. Dieser verzögerte sich noch etwas, denn für Thurwieser mussten die Steigeisen erst extra geschmiedet werden. So zogen die drei nach Trafoi, wo mit Michael Gamper, genannt »Strimmer« ein weiterer Begleiter angeheuert wurde. Dieser erkundete mit Felix zunächst die Hohe Eisrinne, über die sie sich aber nicht höher hinauswagten. So blieb wieder der Anstieg über die Hinteren Wandler. Am 13. August 1834 wurde um vier Uhr morgens aufgebrochen und der Gipfel gegen halb eins erreicht. Sehr bedauerlich ist, dass der alte Josele nach dem Aufstieg über die Felswand am Gletscher entkräftet zurückbleiben musste. Was für ein Erlebnis wäre es für den Siebzigjährigen gewesen, in diesem Alter noch mal auf dem Gipfel »seines« Berges stehen zu können!

Er lebte noch weitere 19 Jahre und starb mit 89 Jahren 1854 in Schluderns, wo sein Grab bis heute besucht werden kann.

Das Geheimnis der Erstbesteigung der Königspitze

Wenden wir uns von der Bergtour eines 70-Jährigen am Ortler der Unternehmung eines 20-Jährigen an der Königspitze zu.

Fünfzig Jahre nach der Erstbesteigung des Ortlers galt das Interesse ausschließlich dem höchsten Berg dieser Gebirgsgruppe, und abgesehen von den leicht zu erreichenden niedrigeren Dreitausendern der östlichen Ortlergruppe wurde kein Gipfel bestiegen und auch kein entsprechender Versuch unternommen.

Wenn schon der Ortler von seiner Suldener Seite her recht unzugänglich aussieht, so darf man dies für seine beiden Nachbarn im berühmten Dreigestirn erst recht behaupten: Monte Zebrù und Königspitze brechen in steilen Wänden zum Suldenferner ab. Dort, wo das Gelände ausnahmsweise flacher wird, wie im kleinen Gletscherkessel zwischen den beiden Bergen oder unterhalb der Nordwand der Königspitze, quellen aus diesen Kesseln steile Hängegletscher hervor, die kaum einen Durchlass erlauben.

Beide Berge haben ihre Schwachseite auf der anderen, Sulden abgewandten Seite. Der Monte Zebrù, im Folgenden nur noch Zebrù genannt (was nicht selbstverständlich ist, da der Name dann auch mit der Königspitze in Verbindung gebracht werden kann, die im Italienischen »Gran Zebrù« heißt), ist leichter zu besteigen als die Königspitze, und dennoch wurde letztere vorher bestiegen.

Die legendäre Erstbesteigung der Königspitze durch den jungen Theologiestudenten Stephan Steinberger wurde zeitweise angezweifelt und es wird sich heute erst recht nie mehr mit absoluter Sicherheit klären lassen, ob er wirklich auf dem »richtigen« Gipfel stand. Doch der Reihe nach.

Der Geologe, Mitbegründer des Österreichischen Alpenvereins und Redakteur der Vereinszeitschrift, Dr. Edmund von Mojsisovic, hörte von Steinbergers Erzählung, trat daraufhin in Kontakt mit ihm und regte eine Veröffentlichung seines Berichts an, die zuvor lediglich in »Neues Hausbuch für christliche Unterhaltung«, also nicht unbedingt in einer klassischen Alpinzeitung der damaligen Zeit, erschienen war. So folgte noch eine Schilderung der Tour im Jahrbuch des OeAV I, woraufhin die Erstbesteigung der Königspitze zur Legende wurde:

Steinberger brach am 24. August 1854 um 2 Uhr morgens allein in Trafoi auf und wanderte zum Stilfser Joch hinauf, das er zwei Stunden später erreichte. Ab hier stieg er nach Osten die Firnhänge hinauf und querte wohl unter der Geisterspitze hinüber zum heutigen Passo di Campo. Heute verunstalten die unzähligen Kabel des Sommerskigebiets den Gletscher. Der genaue Routenverlauf Steinbergers ist aber nicht eindeutig nachvoll-

Blick von der Payerspitze Richtung Königspitze. Steinbergers Route verlief über den Passo di Campo (im Vordergrund), den Vedretta di Campo (rechts am unteren Bildrand) und den Zebrùferner (unter der Königspitze) in den Sattel rechts der Königspitze (Passo della Miniera). Vom dahinter gelegenen Col Pale Rosse stieg er über die im Profil sichtbare Rippe auf die Königspitze und über den selben Weg wieder zurück.

ziehbar, da seine überlieferte Schilderung bezüglich eindeutiger Geländepunkte mit den heutigen Schnee- und Eisverhältnissen nicht durchgängig in Einklang zu bringen ist und man oft vermuten muss, wo er gegangen sein mag. Dennoch bleiben einige Passagen zwingend, vor allem wenn man innerhalb der Zeit bleiben will, die Steinberger benötigt hat. Um die im Folgenden zurückgelegten Strecken und Abschnitte nachvollziehen zu können, möge man die Karte daneben legen.

Steinberger stieg demnach auf den Vedretta di Campo hinab, querte hinüber zum Passo die Camosci alto, bevor er wiederum etwas an Höhe verlieren musste, um über den Passo dei Volontari endlich den Zebrùferner betreten zu können. Den westlichen Arm des Gletschers musste er erst queren, um dann über den Ostarm unter die Cima della Miniera zu gelangen. Direkt über den Steilhang erreichte er seiner Beschreibung nach den Passo della Miniera, von dem er »nur noch« zum Col Pale Rosse hinüberqueren musste, um unter der Südflanke der Königspitze zu stehen. Steinberger spricht in seiner Schilderung nun von einem steilen Firn- und Eisgrat, den er hinaufgestiegen sei. Demnach war er wohl nicht in der Pale Rosse-Rinne unterwegs, wie vielfach vermutet, sondern auf einer der benachbarten Rippen, die damals zur Zeit des Gletscherhochstandes durchaus vereist gewesen sein könnten. »Mit Anwendung aller nur möglichen Vorsicht erreichte ich jedoch wohlbehalten die Höhe des Grates. Auf einer Seite scharf abgerissen, schwingt sich dieser als steile Kante zum Gipfel hinan. [...] Endlich waren nach 6-stündiger Schneewanderung alle Hindernisse überwunden und ich stand auf dem höchsten Punkte des [Gran] Zebru, den vielleicht noch kein Sterblicher betreten hatte.« Steinberger blieb eine halbe Stunde, trotz des starken Sturms, gegen dessen Wucht er sich bis zur Hüfte im Schnee eingrub. Nach seiner Gipfelrast stieg er auf dem Aufstiegsweg wieder hinunter und zurück zum Stilfser Joch, das er gegen 20 Uhr erreichte. Steinberger hatte also in 18 Stunden rund 2750 Höhenmeter im Aufstieg und 1490 Höhenmeter im Abstieg zurückgelegt, verteilt auf eine Strecke von insgesamt rund 24 Kilometern! Dies überwiegend in einer Höhe von über 3000 m, mit Gegenanstiegen, die insbesondere beim Rückweg ungeheuer kräftezehrend sein mussten.

Diese Leistung erschien schier unglaublich, wurde zunächst jedoch akzeptiert. Steinberger hatte am 17. August 1854, also nur eine Woche zuvor, an einem Tag im Alleingang den Großglockner bestiegen und war auch für Gewaltmärsche in seiner Chiemgauer Heimat bekannt. Insofern erschien seine Schilderung nicht ganz abwegig. Seine Besteigung wurde schließlich anerkannt.

Louis Friedmann schrieb 1894 als unumstrittener Kenner der Ortlergruppe für das Universalwerk »Die Erschließung der Ostalpen« Eduard Richters das Kapitel über die Erschließung der Ortleralpen. So war es für ihn ein großer Anreiz, einmal zu überprüfen, inwiefern die Tour Steinbergers überhaupt möglich ist.
So verließ er am Abend des 26. Juli 1892 mit seinem Führer Johann Pichler (natürlich nicht zu verwechseln mit dem Pseyrer Josele!) Trafoi, um Steinbergers Tour nachzugehen. Um kurz nach eins in der Nacht verließen sie das Stilfser Joch und folgten der oben beschriebenen Route. Um halb elf, also gut neun Stunden nach dem Aufbruch am Stilfser Joch standen die beiden am Gipfel der Königspitze. Friedmann verweist auf die sehr guten Firnverhältnisse, die er gehabt hatte, und stellte weitere theoretische Überlegungen an. Er kommt dabei zunächst zu dem Schluss, dass Steinberger aufgrund der Unkenntnis des Geländes und der Schneeverhältnisse keinesfalls wesentlich schneller gewesen sein kann, zumal die beiden beim Rückweg bereits erheblich mit dem weich gewordenen Schnee zu kämpfen hatten. Diesen hätte Steinberger ebenfalls haben müssen, da er seine Tour aufgrund der Orientierungsprobleme ebenfalls nur bei bestem Wetter hätte gehen können. Lange Rede, kurzer Sinn, Friedmann schloss aus seinen Überlegungen, »daß man mit guter Zuversicht behaupten kann: Steinberger ist wohl nicht am Fuße der Königsspitze gestanden und hat gewiss nie ihren Gipfel betreten«.

Stephan Steinberger

* 14. Dezember 1833 in Ruhpolding
† 28. Juni 1905 in Anger

Stephan Steinberger wurde auf einem Einödhof in Ruhpolding geboren. Schon als Kind von seinen Eltern für das Priesteramt vorgesehen, ging er bereits als Zehnjähriger ins Priesterseminar auf den Freisinger Domberg, von dem es ihn aber immer wieder auf ausgedehnte Wanderungen zog. Ein ausgeprägter Bewegungsdrang kennzeichnete seine Unternehmungen, die nicht unbedingt nur alpinistische Leistungen waren: So die Besteigung des Sonntagshorns im Chiemgau mit anschließendem Marsch nach Traunstein, sein 70-Kilometer-Marsch nach St. Gilgen mit anschließender Besteigung des Schafberges. Bekannter ist sein Alleingang auf den Großglockner im August 1854, die erste Alleinbesteigung dieses Berges, sowie seine später zeitweise angezweifelte erste Besteigung der Königspitze eine Woche darauf.
Mit diesen Unternehmungen endeten jedoch seine Aufsehen erregenden Touren schon wieder, denn am 28. Juni 1857 wurde er zum Priester geweiht und trat im Dezember 1864 in den Orden der Kapuziner ein, wo er den Namen Pater Corbinian annahm.
Als Geistlicher wirkte er in ganz Oberbayern, predigte in Rosenheim, Türkheim, Burghausen und Laufen. Guardian war er in den Klöstern Altötting und Vilsbiburg.
Während des Besuchs bei einem Studienfreund in Anger erlitt er am 28. Juni 1905 einen Schlaganfall.

Ein hartes Urteil. Nun mag man Friedmann entgegnen, dass Steinberger ganz einfach der sportlichere gewesen ist, deshalb schneller war und die Leistung eben doch möglich gewesen ist. Friedmann war aber eben auch ein Bergsteiger, der für einige konditionelle Meisterleistungen bekannt war. So überkletterte er mit seinem Gefährten Albrecht von Krafft ein Jahr später, am 13. August 1893, die Königspitze, den Zebrù und den Ortler in 17½ Stunden!
So groß kann der konditionelle Unterschied zwischen Friedmann und Steinberger also nicht gewesen sein. Und die Zeitdifferenzen, die Friedmann in seinen Vergleichen anstellt, betragen bis zu 25%!
Friedmanns Urteil wog schwer, und so wurde Steinbergers Erstbesteigung von vielen angezweifelt. Dieser blieb zunächst bei seiner Erklärung, bot aber an, den Anspruch als Erstbesteiger aufzugeben, wenn man ihm darlegen könne, auf welchem Gipfel er denn dann gewesen sei.
Ein anonym verfasster Artikel unterstützte 1906 in den Mitteilungen des Alpenvereins Steinberger, als Verfasser ist später ein gewisser J. Lüders identifiziert worden. Seinen Aufsätzen fehlten freilich neue Argumente.
Diese lieferte erst Dr. Joseph Braunstein, als er für die Gesellschaft alpiner Bücherfreunde 1929 eine Biografie Steinbergers verfasste, für die er sich nochmals ausführlich mit Steinbergers Besteigung der Königspitze beschäftigte. Braunstein war die Korrespondenz Steinbergers mit Dr. Edmund von Mojsisovic zugänglich, und so auch der Brief, in dem Steinberger zehn Jahre nach der Durchführung die Tour ausführlich schildert – ausführlicher als in jeder Veröffentlichung zuvor. Braunstein verglich nun diese Schilderung mit den Argumenten Friedmanns und stellte fest, dass dieser einige unzutreffende Annahmen bezüglich der Route, der Schneeverhältnisse und anderen Umständen gemacht hatte. Zudem enthielt der Brief eine

Der Gipfel der Königspitze vor dem Abbruch der »Schaumrolle« genannten Gipfelwechte, die sich zu einem einzigartigen Hängegletscher entwickelt hatte.

Der halb verdeckte Ortler und die Königspitze von Südsüdosten, gesehen vom Aufstieg zum Palòn de la Mare.

detaillierte Beschreibung der Gipfelaussicht, die nur von der Königspitze aus so zu sehen ist. Zumindest konnte Braunstein schlüssig darlegen, dass Steinbergers Tour so unmöglich nicht war. Bis heute unberücksichtigt blieb ein Umstand, der ebenfalls für Steinberger spricht: Die Firnbecken, die Steinberger zu durchqueren hatte, waren zur Zeit seiner Begehung noch deutlich höher mit Eis gefüllt als zur Zeit Friedmanns, vierzig Jahre später. Letzterer hatte dadurch in Summe viele Höhenmeter mehr zu bewältigen, was sich relativierend auf seine Zeitberechnungen auswirkt – wie übrigens auch die Tatsache, dass Steinberger als Alleingänger wohl weniger Zeitverluste hinnehmen musste.

Steinbergers Besteigung der Königspitze ist seit den Ausführungen Braunsteins anerkannt, und bei Licht betrachtet wird er heute auch zu Recht als Erstbesteiger der Königspitze geführt.

Briten in den Ostalpen

Zeitweise durften sich also auch noch Andere »Erstbesteiger der Königspitze« nennen; nämlich die, die den Gipfel nach Steinberger gesichert als nächste erreicht haben. Es waren dies die Briten F. F. Tuckett, T. F. und E. N. Buxton mit den Schweizer Führern Christian Michel aus Grindelwald und Franz Biener aus Zermatt.

Dies darf keinesfalls als Randnotiz betrachtet werden, und zwar aus mehreren Gründen: Nie zuvor fühlten sich britische Bergsteiger motiviert, für ihre Erstbegehungen die Ostalpen aufzusuchen. Seit den 40er-Jahren des 19. Jahrhunderts war ihre Domäne die Erstbesteigung der Viertausender der Schweiz und der Montblancgruppe. Im »Golden Age« des Alpinismus wurden alle großen Gipfel der Westalpen erstbestiegen, zuletzt am 14. Juli 1865 das Matterhorn. Die Gebirgsgruppen der Ostalpen waren nicht das Terrain der Briten, zum einen wegen der weiteren Anreise, aber auch weil die Gebiete schlicht nicht bekannt waren. Bezüglich des Ortlers fragte das Alpine Journal, Organ des elitären Alpine Club in London: »Kann irgend ein Bergsteiger von diesem geheimnisvollen Gipfel Bericht geben? Ist er jemals erstiegen worden, außer von dem mythischen Erzherzog [sic!]? Und gibt es wirklich einen Berg Monte Cristallo?«. Die Informationslage war also äußerst dürftig. So machte sich Tuckett mit den beiden Buxtons auf, um diese Geheimnisse zu lüften.

Ein zweiter Umstand macht den Ostalpenausflug der Briten mit ihren Schweizer Führern bemerkenswert, wie gleich zu sehen sein wird. Zunächst die Tour auf die Königspitze:

Vorausgegangen waren die problemlosen Besteigungen des Monte Cristallo in der westlichen und des Monte Confinale in der südlichen Ortlergruppe, bei denen sich die Fremden einen ersten Eindruck von den Verhältnissen und Besonderheiten der Ostalpenberge machen konnten.

Am 3. August 1864 verließen sie um kurz vor eins mitten in der Nacht Santa Catarina im Valfurva, um durch das Fornotal und das nördlich davon abzweigende Cedectal den Fuß der Königspitze zu erreichen. Allein das war schon eine beachtliche Marschleistung, umso mehr, als das aufeinander eingespielte Team bereits um sechs Uhr am Fuß der Rinne stand, die von Südosten auf die Schulter unterhalb des Osthangs der Königspitze führt. Wenig später standen sie auch schon dort und gönnten sich die erste Rast des Tages. Um kurz nach sieben gingen sie weiter, und bereits eine Stunde später erreichten sie so über den heutigen Normalweg der Königspitze ihren Gipfel. In einem solchen Tempo wurde noch keiner der großen Berge der Ortlergruppe bestiegen. Den frühen Aufbruch war man von den Viertausendern der Schweiz gewohnt, die steilen Eishänge ebenfalls. Tuckett schlug am Gipfel vor, den Abstieg über den Nordwestgrat der Königspitze ins Suldenjoch

Am Gasthaus Weißer Knott an der Stilfser Joch Straße erinnert ein Denkmal des Österreichischen Alpenclubs bis heute an die Erstbesteigung des Ortlers vor zweihundert Jahren.

zu versuchen, um so auf den Suldengletscher und ins Suldener Tal hinabzukommen. Der Grat war jedoch nicht ganz einsehbar, und beide Führer, Biener und Michel, protestierten energisch. Aus der vielleicht ersten Besteigung der Königspitze wäre so auch gleich die erste Überschreitung geworden, im Abstieg über den nicht einfachen Suldengrat. So folgten sie aber ihrem Aufstiegsweg bis unter die Rinne, querten von dort noch etwas nach Osten, um ins Königsjoch aufsteigen zu können. Erst ab hier stiegen sie dann auf den Suldengletscher ab und erreichten so gegen drei Uhr nachmittags die Gampenhöfe, die ersten Häuser Suldens. Doch in Sulden blieben sie nicht lange: Am selben Tag noch stiegen sie weiter ab und erreichten am Abend Trafoi. Das nächste Ziel war der Ortler selbst. Während sich fast alle am folgenden Tag ausruhten, stieg Christian Michel auf der Straße zum Stilfser Joch hinauf, um von dort die Anstiegsmöglichkeiten auf den Ortler einsehen zu können. Bisher war der Gipfel ja lediglich über die umständlichen und objektiv gefährlichen Hinteren Wandlen und den Hintergrat erreicht worden. Von beiden Möglichkeiten wusste Michel wahrscheinlich nichts, und so studierte er den Berg völlig unbefangen.

Vom Rasttag gestärkt, brachen Tuckett, die beiden Buxtons und die zwei Führer in der folgenden Nacht, also am 5. August 1864, gegen halb eins in Trafoi auf. Im dunklen Wald des Tales und der Hänge, die zum Bergl hinaufführen, kamen sie nicht ganz so schnell voran wie gewohnt und erreichten so erst gegen vier Uhr die Waldgrenze. Sie standen somit etwas oberhalb der Stelle, an der heute die Berglhütte steht und die steile Rinne der Stickle Pleiß in die Hohe Eisrinne mündet.

Schon der Sohn von Josef Pichler, Felix, hatte anlässlich der Ortlerbesteigung Thurwiesers dreißig Jahre zuvor die Hohe Eisrinne erkundet, konnte sich damals aber nicht für einen Versuch von dieser Seite entschließen.

Ohne zu zögern stiegen die fünf die Hohe Eisrinne hinauf, wobei sie sich am nördlichen Rand, also unterhalb der Felsen des Westgrates der Tabarettaspitze hielten, um dem drohenden Eisschlag von rechts zu entgehen. Zwei Stunden später – inzwischen war es hell geworden – erreichten sie das Ende der breiten Rinne, in das von Norden ein steiler Firnhang als Ausläufer des Oberen Ortlerferners mündet. Über diesen Firnhang stiegen sie hinauf und kamen so direkt in die heute als Bärenloch bekannte Mulde des Ortler-Normalwegs. Der Leser wird nun also ahnen, welchen Weg die drei Briten und zwei Schweizer nun erstmals begingen. Auf dem heute üblichen Weg, über den damals wohl etwas anders aussehenden Gletscher, gelangten sie auf das oberste Ortlerplatt und den Gipfel, der so seit Thurwiesers Besteigung dreißig Jahre zuvor (!) erstmals wieder eine Besteigung erfahren hat.

Wohl hatte es Versuche gegeben, doch damals bekannte Alpinisten wie Anton von Ruthner, Egid Pegger oder J. A. Specht scheiterten alle. Louis Friedmann meint dazu in seiner Erschließung der Ortlergruppe: »Zu einer Zeit, da die meisten der schwierigen Gipfel der Schweizer Alpen bereits bestiegen wurden, so das Schreckhorn, das Bietschhorn, das Weisshorn, die Dent Blanche ihre Bezwinger gefunden hatten, konnte es nicht gelingen, die Ortlerspitze zu erreichen. Bei allen Versuchen zwischen 1834 und 1864 standen einheimische Führer in Verwendung, und es ist wohl ausschließlich deren Unfähigkeit zuzuschreiben, wenn Expeditionen […] so nahe dem Ziele scheitern mußten.« Ein hartes Urteil, doch wahrscheinlich berechtigt. So mussten erst Männer mit Westalpenerfahrung nach Südtirol kommen, um endlich die einfachsten Anstiege auf die Königspitze und den Ortler zu finden, um diese auch gleich innerhalb von drei Tagen zu erschließen.

Auf den Ortler steigt man heute freilich nicht mehr durch die Hohe Eisrinne, die inzwischen auch eher »Hohe Schuttrinne« heißen müsste. Den heutigen Weg über den Tabarettagrat erschloss ein gutes Jahr nach Tuckett Julius Payer. Vorangegangen waren die Besteigungen des Briten Headlam sowie Edmund von Mojsisovics und Gefährten, die noch den idealen Weg zum Tabarettaweg hinauf gesucht hatten, um die Gefahren der Hohen Eisrinne zu vermeiden. Dennoch waren Tuckett und seine Gefährten im engeren Sinne die Erstbegeher des heutigen Normalwegs auf den Ortler. Und viel mehr noch: Ihre Besteigungen von Ortler und Königspitze brachen den Bann, der bis dahin scheinbar auf den Ortlerbergen gelegen hatte.

Johann Pinggera.

Dies in zweierlei Hinsicht: Zum einen stieg die Zahl der Besteiger auf den bereits bestehenden Wegen nun endlich an. 1868 erreichten 12 Bergsteiger den Ortlergipfel, 1869 etwa 15, 1870 17 und 1871 bereits 51! 1881 waren dann mit 183 stolzen Ortlerbezwingern erstmals mehr als hundert Personen am Gipfel, begünstigt durch den Bau der Payerhütte 1875 durch die Sektion Prag des Deutschen und Österreichischen Alpenvereins, deren Vorsitzender kein Geringerer als Johann Stüdl war. Zum anderen wuchs auch die Zahl der Erstbegehungen von nun an rasant an. Wenige Wochen nach Tucketts Ortlertouren, am 17. September 1864, erreichte der Wiener J. A. Specht mit seinem Führer Franz Pöll die Königspitze über die Ostwand, ein recht ungewöhnlicher Anstieg. Ungewöhnlich deshalb, weil der Anstieg keinen vorgegeben logischen Linien folgt, sondern sich zunächst recht abenteuerlich in einer Firnrinne durch die unteren Felsabbrüche der Wand windet, bevor er direkt auf dem damals noch vereisten Hang zum Gipfelgrat führt. Der Weg wurde selten wiederholt und wird heute gar nicht mehr begangen.

Julius Payer auf dem Monte Zebrù

Die Erstbesteigung eines der Berge im Ortler-Dreigestirn fehlt nun noch: die des Monte Zebrù. Obwohl der Anstieg über den Zebrùferner und die Nordwestflanke leichter ist als die leichtesten Anstiege auf Ortler und Königspitze, wurde er als letzter der drei bestiegen. Dies ist auf die abgelegene Lage dieses Anstiegs zurückzuführen. Und auch heute noch ist dies ein Grund dafür, dass der Zebrù der am wenigsten bestiegene Gipfel im Dreigestirn ist. Hinzu kommt seine im Vergleich zu Königspitze und Ortler geringere Höhe sowie seine nicht ganz so spektakuläre Gestalt.

Im Juni 1865 kehrte Tuckett in die Ortlergruppe zurück und überquerte mit seinen Gefährten erstmals den Ortlerpass, der den Ortler von der Thurwieserspitze trennt. Von hier aus studierten sie zum einen den Hochjochgrat (Südgrat) des Ortlers und diskutierten die Möglichkeit seiner Überkletterung, zum anderen hatten sie als erste Einblick in die unmittelbar vor ihnen aufsteigende Nordwestflanke des Zebrù. Sie hätten diesen sicher auch gleich bestiegen, wenn sich das Wetter nicht verschlechtert hätte.

Nach der Besteigung des Ortlers über den heutigen Normalweg am 4. September 1865 mit dem Führer Johann Pinggera hatte Julius Payer gefallen an der Ortlergruppe gefunden und sollte noch oft hierher zurückkehren.

So war er auch im September des folgenden Jahres, 1866, mit seinem bewährten Führer Johann Pinggera aus Sulden in der Ortlergruppe unterwegs. Am 21. des Monats stiegen sie durchs Zebrùtal hinauf unter die südlichen Abstürze des Berges, wozu sie aber wegen des einfallenden

Nebels und der daraus resultierenden Orientierungsprobleme im noch gänzlich unbekannten Gelände viel Zeit brauchten. So stiegen sie im breiten Vorbau des Zebrù-Südwestgrates herum, bis sie das Couloir zur Rechten, in der Südflanke des Berges entdeckten. Doch war auch hier das Klettern sehr mühsam, und wegen der bereits fortgeschrittenen Tageszeit brachen sie ihren Versuch schließlich ab.

Acht Tage später, am 29. September 1866, starteten sie um halb sechs einen neuen Versuch von der Malga il Pastore aus, einer Jagdhütte im Grund des Zebrùtals. Von Brot- und Specksuppe gestärkt, stiegen sie ohne Rast auf der bereits vor einer Woche gewählten Wegführung hinauf auf den Zebrùferner, wo sie sich nun allerdings nicht lange mit dem felsigen Vorbau des Südwestgrats aufhielten, sondern gleich über den spaltigen Zebrùferner gen Ortlerpass anstiegen. Den erreichten sie drei Stunden nach ihrem Aufbruch. Weil die beiden planten, nach der Besteigung des Zebrù über den Pass und den Unteren Ortlerferner nach Trafoi abzusteigen, ließen sie einen Teil des Gepäcks hier zurück. Gemütlich ging es nun weiter hinauf zum Hochjoch, von wo sie als erste den Tiefblick genießen konnten, den man von hier auf den Suldenferner hat: Zur Linken und zur Rechten stürzen die Wände mit 600 bis 900 Metern Höhe auf den Gletscher ab. Payer war so beeindruckt, dass er seinem Führer vorschlug, den direkten Abstieg von Hochjoch auf den Suldenferner zu versuchen. Der protestierte entschieden, und beide wandten sich zunächst wieder der Erstbesteigung des Monte Zebrù zu.

Über den nun erst sanft ansteigenden Hang stiegen sie jetzt nach Südosten hinauf, bis die Steilheit des Firns Pinggera zum Stufenschlagen zwang. In gewohnter Routine schlug er die in Serpentinen verlaufende Stufenleiter in den Firn, kam aber nicht weit, weil ihm ziemlich bald das Beil aus der Hand fiel und bis aufs Hochjoch hinunterrutschte.

Nun hatten sie wenigstens bereits primitive Steigeisen an und der Schnee war nicht ganz so hart. Durch festes Einschlagen des Fußes in den Firn erreichten sie auch ohne Stufen den nur als handbreit beschriebenen Gipfelgrat, der von der wenig ausgeprägten Schulter zum höchsten Punkt des Zebrù hinaufführt. Um zehn vor zehn setzten sie den letzten Schritt, bis hierher waren sie mit Ausnahme der kurzen Halte im Ortlerpass und Hochjoch ohne Rast gestiegen. Umso mehr gönnten sie sich jetzt eine Pause von über einer Stunde, zumal Payer seine obligatorischen Skizzen der Aussicht und eine Kartenzeichnung anfertigte. Einen Zettel mit ihren Namen deponierten sie in einer Flasche am Gipfel und stiegen dann ohne Probleme wieder zum Hochjoch hinab. Während dieses Abstiegs stimmte Pinggera dem vorgeschlagenen Abstieg zum Suldenferner doch noch zu, »sofern sich keine unüberwindlichen Hindernisse entgegenstellen«, fügte er noch hinzu.

Der Hang war im obersten Teil an die 55° steil, mit der damaligen Ausrüstung eine ungeheure Steilheit! Außerdem erschwerte ein wenn auch kleiner Wechtensaum den Zugang in die Flanke. Am Seil von Pinggera gesichert, schlug Payer eine Bresche in den Schnee und wurde dann den steilen Hang hinabgelassen, bis das Seil aus war. Damit hatte er die steilste Stelle aber überwunden, prüfte kurz die Schneebeschaffenheit und kam zu dem Ergebnis, dass es durchaus gehen müsste. Er rief dies Pinggera zu, der nun aber erst zum Ortlerpass absteigen musste, um das dort zurückgelassene Gepäck zu holen. Payer blieb derweil auf seinem unbequemen Schneesitz mitten in der steilen Eiswand: »Nach einer halben Stunde äusserten sich der Mangel an Bewegung und die Kälte in meinem Schneesitze durch beginnende Erstarrung der Füsse und durch Schlafsucht, gegen welche mich nur die Besorgniss hinabzustürzen schützte. Meine Rufe nach Pinggera beantworteten die Berge in 14fachem Echo und dieser selbst erst nach einer Stunde, welche mir dieses Mal wie ein Jahrhundert vorkam. Pinggera, vom oberen Saume der Schneewand herabsteigend, schien von einem Kirchdache herabzukommen.«

Die Steigeisen hatten die beiden wegen des weichen Schnees inzwischen ausgezogen. Halt für die Hände fanden sie im langen Bergstock, den sie vor sich tief in den Schnee stießen. Payer ging dabei voraus und trat den Schnee zu kleinen Tritten fest, während Pinggera ihn von oben mit dem Seil sicherte. Die Schneeauflage wurde aber immer dünner, und Payer äußerte die Befürchtung, sie könnten unter ihrem Zusatzgewicht ausrutschen. So warf Pinggera zumindest das Fässchen mit Wein, das er immer bei sich trug, hinunter. »Das Fäßchen sprang in tollen Sätzen die jähe Bahn hinab, fiel neben Felsen auf und kam endlich auf einer Ebene des Suldenferners zur Ruhe. Wie beneideten wir es um die erreichte Tiefe!«

Ohne weitere Probleme, jedoch sehr vorsichtig stiegen die beiden weiter ab und kamen so zur beneideten Tiefe des Fasses. Das war sogar noch ganz und so nahm es Pinggera gleich wieder mit. Der Rest des Abstiegs war im Vergleich zum geleisteten ein Kinderspiel, gegen halb drei waren sie am Gletscherende und dem Plateau angekommen, wo heute die Hintergrathütte steht.

Payer wollte am selben Tag noch nach Trafoi, doch das vereitelte die zufällige Begegnung Pinggeras mit seiner Freundin bei den Gampenhöfen, auf die Payer entsprechend Rücksicht nahm ...

Das erfolgreiche Team Julius Payer und Johann Pinggera hatte somit nicht nur die erste Besteigung des Zebrù, sondern im selben Zuge auch noch die erste Überquerung des Kammes ausgeführt, der das Dreigestirn miteinander verbindet. Alle drei großen Gipfel über Sulden waren somit bestiegen, von nun an galt es, die Möglichkeiten an den noch nicht begangenen Graten und Wänden zu erkunden.

Die Goldenen Jahre in Sulden

Die Wiedereröffnung des Hintergrats

Die erste Route, die in den Ortlerbergen auf einer anderen als dem Weg der Erstbesteiger eröffnet wurde, war – wie bereits erörtert – der Hintergrat auf den Ortler. Im August 1805 kletterte dort der Erstbesteiger des Ortlers, der Pseyrer Josele höchstselbst, zum Gipfel, weil die Auftraggeber schließlich einen Anstieg von Sulden auf den Ortler haben wollten, und nicht den von Trafoi hinaufführenden. So gelangte auch Dr. Gebhard über den Hintergrat auf den Ortlergipfel und alle sonstigen Besteigungen im ersten Jahrzehnt des 19. Jahrhunderts wurden über ihn ausgeführt. Dies, obwohl der Grat für die damaligen Verhältnisse sehr schwierig war: Andernorts in den Alpen wurden in solcher Höhe gerade mal Stellen im heutigen zweiten Schwierigkeitsgrad geklettert, während am Hintergrat längere Passagen im oberen III. Grad zu bewältigen sind. Möglich war dies auch, weil der Grat im Sommer 1805 mit Seilen versichert wurde und geschlagene Stufen eine Erleichterung brachten.

Bei seiner Erkundung anlässlich der geplanten Ortlerbesteigung durch Schebelka hatte der wieder führende Pichler zunächst den Hintergrat im Sinn, der allerdings wegen einer »großen Eiswand unpassierbar« war. So geriet der Grat vollends in Vergessenheit und es sollte bis 1872 (!) dauern, bis er wieder begangen wurde: Durch den 2. Vorsitzenden der Sektion Schwaben des Deutschen Alpenvereins, Theodor Harpprecht, und seine Gefährten. Dieser Mann wiederum ist doch mehr als eine Randnotiz in der Erschließungsgeschichte der Ortlerberge wert, denn der Wiederholung des Hintergrats gingen noch andere beachtliche Leistungen von ihm voraus.

So verlassen wir ausnahmsweise kurz das Dreigestirn und blicken auf die Thurwieserspitze und später auch auf die Trafoier Eiswand. Es sind dies die ersten beiden großen Gipfel, die sich im Hauptkamm erheben, nachdem dieser am Hochjochgrat des Ortlers wieder nach Westen abbiegt. Payers Führer Pinggera selbst hatte den ersten Aufstieg über den bis 50 Grad steilen Ostgrat des Berges versucht und war gescheitert.

So war dies das Hauptmotiv Happrechts, die Erstbesteigung der Thurwieserspitze zu versuchen, als er im August 1869 nach Trafoi kam.

Nach einigen Tagen der Erkundung stieg er mit seinem aus Kals am Großglockner stammenden Führer Josef Schnell über das Bergl hinauf zum unteren Ortlerferner, den zuletzt vor drei Jahren Payer und Pinggera anlässlich ihrer Überschreitung des Ortlerpasses betreten hatten. Happrecht und Schnell wählten jedoch den Weg über den westlichen Gletscherarm, hinauf in den Kessel unter der Trafoier Eiswand. Von hier erreicht man den Großen Eiskogel über den vorgelagerten Kleinen Eiskogel, und so gelangten beide nur durch den tiefen Neuschnee behindert an den Fuß des steil aufsteigenden Gipfelgrats. So erinnerte er sich später an den Anblick von dieser Stelle aus: »Als ich nun die vor uns zur Thurwieserspitze ansteigende Eisschneide betrachtete, wäre ich in meinem Entschlusse, die Besteigung zu wagen, beinahe schwankend geworden; denn diese Schneide erhebt sich mit einer Neigung, die an den steilsten Stellen gewiß 50 Grad beträgt, und während die Eiswand zur Rechten so jäh abschießt, dass es eine Unmöglichkeit wäre, sie zu betreten, wächst auch die anfangs weniger starke Neigung der linksseitigen Eiswand allmählich zu furchtbarer Steilheit an.« Seinem Führer Schnell allerdings teilte er seine Bedenken nicht mit, denn er fürchtete, dieser könne dadurch entmutigt werden und aufgeben … So entledigten sie

Von Südosten erscheint der Ortler als massiger Schuttberg.

sich allen überflüssigen Gepäcks, nur die Weinflasche musste Schnell trotz Protestes mitnehmen, schließlich sollte der erwartete Gipfelsieg ja auch würdig gefeiert werden. Der Grat wurde zunehmend steiler, dazu noch so schmal, dass man wirklich gerade den einen vor den anderen Fuß setzten konnte. Streckenweise waren Wechten zu umgehen, was in den steilen Flanken nur durch die griffige Schneeauflage gelang. Das Wetter wurde auch zunehmend schlechter. Zeitweise war der Nebel so dicht, dass die beiden warten mussten, bis die bessere Sicht ein Weitergehen erlaubte. Auch bei der Ankunft am Gipfel herrschte dichter Nebel. Steine zum Errichten eines Steinmannes waren unter dem gefrorenen Schnee nicht aufzutreiben und auch sonst hätten sie nichts dabei gehabt, was sie am Gipfel zurücklassen hätten können. (Wobei Harpprecht die Weinflasche unerwähnt lässt. Wahrscheinlich war sie noch ganz gefüllt. Das Austrinken hätte die Fähigkeit der beiden zum schwindelfreien Abstieg sicher gemindert, und das bloße Vergießen des Inhalts kam für einen sparsamen Schwaben sicher auch nicht in Frage ...)

Nach der erfolgreichen Rückkehr ins Thurwieserjoch gestand Harpprecht seinem Führer die Bedenken, die er gehabt hatte, und entschuldigte sich dafür, ihn auf eine so gefährliche Passage gezwungen zu haben. Schnell entgegnete darauf nur, dass er den Grat einfach alleine gemacht hätte, wenn der Herr nicht genug Mut gehabt hätte. Beide stiegen ins Zebrùtal ab, bestiegen am Folgetag die Königspitze und erreichten so Sulden.

Dass Harpprecht keine Beschreibung der Gipfelaussicht schildern konnte und sie keinen Beweis ihrer Besteigung am Gipfel hinterlassen hatten, führte in der Folge zu Zweifeln am Gipfelerfolg Harpprechts und Schnells. So erlaubte sich sogar ein ansonsten unbekannter Leutnant Scheibler, der 1869 selbst vergeblich den Gipfel des strittigen Berges zu erreichen versucht hatte, die Eintragungen Harpprechts in den Gästebüchern von Trafoi und Sulden mit »unverschämte Lüge« zu kommentieren und hinzuzufügen, dieser habe »keinen Schritt getan«.

Das konnte der wackere Schwabe nicht gelten lassen. So entschloss er sich zu einer Wiederholung des Anstiegs gleich im folgenden Jahr, also 1870. Seinen Führer Schnell konnte er diesmal nicht mehr engagieren, doch folgte er der Empfehlung aus Sulden, Peter Dangl als Führer zu nehmen. Mit ihm sollten in den nun folgenden Jahren beachtliche Touren gelingen. Auftakt war die Wiederholung der Besteigung der Thurwieserspitze über die selbe Route, wobei die Überwindung des Gipfelgrates wieder einiges an Mut erforderte. Diesmal war auch das Wetter besser, Harpprecht lieferte eine umfassende Beschreibung der Aussicht, des Gipfelaufbaus einschließlich seiner geologischen Beschaffenheit und nicht zuletzt errichteten die beiden trotz hoher Schneelage einen Steinmann am Gipfel. So waren denn alle Zweifler widerlegt und Harpprecht konnte an andere Touren in den Ortlerbergen denken.

Mit seinem Führer Dangl verstand er sich gut und so kam er im Juli 1872 das nächste Mal nach Sulden. Es stand nun die Wiederholung des Hintergrats am Ortler an.

Harpprecht war die Geschichte dieses Ortleranstiegs bekannt. Der Umstand, dass der Grat bereits 1805 begangen worden war, ließ ihn vermuten, dass sich der Grat auch zum direkten Abstieg nach Sulden eignen müsse, und insofern war der Hintergrat nur Teil eines viel weiter reichenden Plans: Über das Zebrùtal wollte Harpprecht mit Dangl das Hochjoch erreichen, um über

Schmalblättriges Weidenröschen vor der Kulisse aus Eiskögeln, Thurwieserspitze und Trafoier Eiswand.

Die Thurwieserspitze vom Hochjoch. Der Anstieg Harpprechts führt über den von rechts auf den Gipfel führenden steilen Grat. Links der Thurwieserspitze am Horizont der Piz Bernina.

den dort beginnenden Hochjochgrat den Ortler zu besteigen. Über den Hintergrat wollten sie dann direkt nach Sulden absteigen. In Bormio trafen sie nun Moritz Déchy und Dr. Hecht, die beide einen ähnlichen Plan hegten, zumindest was die erste Begehung des Hochjochgrates anging. So schlossen sich die beiden Partien zusammen und wanderten das lange Zebrùtal hinauf. Nur das Wetter wollte nicht so recht, und in den folgenden Tagen war es nicht möglich, das Unternehmen durchzuführen. So trennte man sich schließlich wieder, Dangl und Harpprecht stiegen über den Zebrùpass nach Sulden zurück, um den Ortler direkt über den Hintergrat anzugehen.

Bereits am folgenden Tag, dem 19. Juli 1872, schien das Wetter nicht mehr ganz so schlecht. So brachen die beiden um viertel nach zwei von Sulden auf. Obwohl das Wetter immer noch zweifelhaft war, dicke Wolken bedeckten die umliegenden Berge, stiegen beide unbeirrt aufwärts. Dabei haben sie den Grat selbst offensichtlich bereits viel weiter unten betreten, als dies heute üblich ist, und waren so gezwungen, die brüchigen Abschnitte unterhalb des Oberen Knotts zu überklettern. Die Firnschneide des Hintergrats bereitete dem Erstbesteiger der Thurwieserspitze natürlich keine Probleme, und so stiegen die beiden schon freudig dem Signalkopf entgegen, »den wir in der Meinung, es sei der Ortlergipfel, mit Jubel begrüßten; doch wie erstaunten wir, als wir nach Erkletterung dieses Felskopfs plötzlich den wahren Ortlergipfel wohl noch 300 m hoch vor uns aufsteigen sahen! Nachdem der bisherige Weg schon sehr anstrengend und theilweise schwierig gewesen war, stand uns offenbar jetzt erst das Schlimmste bevor; denn eine hie und da von Felsköpfen durchbrochene beiderseits steil abschießende Firnschneide bildet den einzigen Zugang zur Spitze.« Heute ist der Firn dieser Schneide größtenteils abgeschmolzen, vor allem in den Flanken, über die Harpprecht und Dangl seinerzeit die schwierigen Felspassagen umgingen.

So wurde der Gipfel des Ortlers nach 67 Jahren erstmals wieder über den Hintergrat betreten. Nach einer ausgiebigen Gipfelrast inspizierten beide noch den Hochjochgrat, indem sie nach Süden zum Vorgipfel des Ortlers abstiegen, von wo sie Einblick auf den türmereichen Felsgrat hatten, der ihnen »denn auch gehörigen Respekt einflößte«. Über das Plateau des Oberen Ortlerferners stiegen sie nun nicht Richtung Norden, um dort die inzwischen regelmäßig begangenen Möglichkeiten für den Abstieg zu nutzen, sondern sie querten den Gletscher nach Westen, wo sie über die »Stickle Pleiß« absteigen wollten. Unmittelbar vom Bergl oberhalb Trafois, der den südlichen Rand der schon erwähnten »Hohen Eisrinne« bildet, steigt ein ausgeprägter Grat parallel zum Bergkörper des Ortlers an und bildet mit dem Pleißhorn einen kleinen Gipfel, bevor er sich mit dem massigen Gipfelplateau des Ortlers vereinigt. Zwischen dem Grat und dem Ortler liegt eine steile, aber recht breite Rinne, die »Stickle Pleiß«. Über diese stiegen Harpprecht und Dangl zunächst vorsichtig ab, sie fürchteten das Losbrechen des aufgeweichten Schnees. Bald aber war es ihnen zu mühsam, und so fuhren sie im weichen Schnee ab, eine noch heute gern genutzte Technik auf steilen Firnfeldern …

Am »Hahnenkamm« des Hintergrats, nach dem Signalkopf.

Am folgenden Tag durchstiegen sie erstmals die Nordwand der Trafoier Eiswand, eine durch die damalige Technik des bloßen Stufenschlagens ebenfalls beachtliche Leistung, da die Wand bis zu 55° steil ist!

Der Dornröschenschlaf des Hintergrats war damit beendet. Bereits am Tag nach Harpprecht und Dangl wurde er abermals begangen, allerdings in Unkenntnis der vorangegangenen Besteigung. Zumindest bis zu dem Zeitpunkt, als sie die ersten Spuren ihrer Vorgänger im Schnee entdeckten, wussten Dr. Häberlin und sein Begleiter, der durch seine Unternehmungen und sein Engagement in den Ötztaler Alpen bekannt gewordene Theodor Petersen, nichts von der Besteigung durch Harpprecht. So stahl der 2. Vorsitzende der Sektion Schwaben der Sektion Frankfurt am Main zumindest in jener Juliwoche die Show …

Doch damit nicht genug, das Staunen der beiden Frankfurter wuchs noch mehr, als sie am Signalkopf bemerkten, dass ihnen eine Seilschaft entgegenkam! Es handelte sich dabei um Déchy und seine Gefährten, die ebenfalls ihre Ambitionen, den Hochjochgrat zu begehen, aufgegeben hatten und über die Stickle Pleiß auf den Ortler gestiegen waren. Über den Hintergrat kehrten sie an diesem Tag nach Sulden zurück.

Die erste führerlose Besteigung des Hintergrats am 21. August 1889 erfolgte durch A. von Krafft und H. Domennigg, die erste Winterbegehung durch den schon bekannten Ortlerchronisten Louis Friedmann mit Alfred Pinggera und Peter Dangl am 7. Januar 1882. Der Hintergrat war also nach der Wiedereröffnung durch Harpprecht und Dangl ab dem Jahr 1872 wieder eine lohnende Hochtour der Ostalpen und mauserte sich bald zum zweiten Normalweg des Ortlers – was auch für die Leistungsfähigkeit der damaligen Bergsteiger spricht, denn der Anstieg ist keinesfalls einfach.

Langes Werben um den Hochjochgrat
Nun war die Begehung des Hintergrates durch Harpprecht und Dangl ja keine wirkliche Erstbegehung gewesen. Nach den Unternehmungen der vergangenen Jahrzehnte blieb ein großer Grat des Ortlers übrig, sieht man von den etwas weniger ausgeprägten Graten Marlt-, Rotböck- und Pleißhorngrat ab, denen wir uns später widmen wollen.

Der von Déchy wie auch Harpprecht bereits ins Auge gefasste direkte Anstieg auf den Ortler von Süden war das nun noch ausstehende und zu lösende Problem.

Anlässlich der ersten Überschreitung des Ortlerpasses durch Tuckett und Gefährten im Juni 1865 zog der Hochjochgrat erstmals das Interesse fähiger Alpinisten auf sich. Die Möglichkeit der Überkletterung der vom Ortlerpass recht schroff aussehenden Türme im mittleren Teil des Grates war damals Gegenstand heftiger Diskussion der Briten mit ihren Schweizer Führern. Doch zu konkreten Plänen für eine Erkundung vor Ort führte dies noch nicht. Wohl auch, weil man von England nicht ganz so schnell wieder in die Ortlergruppe kam…

So war es Johann Jakob Weilenmann, der am 31. August 1867 mit dem Paznauner Führer Franz Pöll den ersten Versuch gemacht hatte. Mit einem Träger brachen sie von Bormio (!) auf und erreichten über das Zebrùtal und den gleichnamigen Gletscher das Hochjoch. Der erste Gratabschnitt zu dem Gratpunkt, wo sich der Grat mit dem aus dem Ortlerpass heraufziehenden Grat vereinigt, stellte die Partie vor keine großen Probleme. Diese begannen dann aber umso mehr dahinter… Der Grat wird ab der ersten Scharte nach dem erwähnten Vorgipfel recht ausgesetzt und vor allem ganz felsig. Einen ersten Turm konnten die drei noch hinter sich bringen, wobei sich aber herausstellte, dass »der mitgenommene Träger sich als unfähig erwies und statt Hilfe zu leisten solche in Anspruch nahm«. So ließen sie an ihrem Umkehrpunkt vor dem großen Turm eine Flasche zurück, mit der Nachricht »J. J. Weilenmann von St. Gallen, Franz Pöll von Mathon und Romani Santo haben von hier aus am 31. August 1867 den Ortler ersteigen wollen, haben es aber nicht weiter gewagt.«

Den zweiten Versuch wollten wie geschildert Harpprecht und Dangl einerseits, Déchy, Hecht und ihre Führer andererseits im Juli 1869 wagen, wobei sich Harpprecht und Dangl ja wie geschildert trennten und den Hintergrat begingen. An jenem Tag erreichten Moritz v. Déchy, Dr. Hecht mit den Brüdern Johann, Josef und Alois Pinggera bereits um sieben Uhr morgens das Hochjoch, und eineinhalb Stunden später den Vorgipfel. Nun war es aber so neblig, dass sie nach einstündigem Warten den Versuch abbrachen und über den Ortlerpass nach Trafoi abstiegen. Es folgte die Besteigung des Ortlers über die Stickle Pleiß und der Abstieg über den Hintergrat. Man sieht also, wie ausdauernd man damals unterwegs war, während man ja heute nach einer größeren Tour oft einen Ruhetag einschiebt.

Der Hochjochgrat war damit noch lange nicht begangen, es hatte sich nur gezeigt, dass es recht große Schwierigkeiten im Fels zu überwinden galt.

Für den Sommer 1873 nahm sich Theodor Harpprecht des Problems abermals an. Weil er die Übernachtung im Val Zebrù noch als recht ungemütlich in Erinnerung hatte, brach er mit seinem inzwischen bewährten Führer Peter Dangl am 9. August 1873 diesmal von Sulden aus auf. Über die Firnrinne, durch die Payer und Pinggera sieben Jahre zuvor abgestiegen waren, galt es zunächst

»Brockengespenst«, ein Phänomen ähnlich dem Regenbogen, beim Hintergratanstieg auf den Ortler.

das Hochjoch zu erreichen. Beim Aufstieg über den Suldengletscher bemerkte Harpprecht, dass auch rechts der schwierigen Türme eine Firnrinne zum Grat hinaufführte. Da ja die Gratpassage bis zu den Türmen bekannt war und eine Begehung des Grates erst ab der Umkehrstelle Weilenmanns half, den Umweg über das Hochjoch zu vermeiden, entschlossen sich die beiden, direkt zum mittleren Teil des Hochjochgrates hinaufzuklettern. Kaum hatten sie den Bergschrund überschritten, löste sich oberhalb auch schon eine Felsrippe und stürzte mit lautem Gepolter die Wand hinab. Davon ließen sich die beiden jedoch nicht abhalten. Je nach Schneebeschaffenheit kletterten sie mal in der Rinne, manchmal auch rechts von ihr im Fels, wenn der weiche Schnee ihnen in Verbindung mit der enormen Steilheit zu gefährlich erschien. Doch bald wurde die ganze Wand so schwierig und dabei auch so unübersichtlich, dass Dangl vorschlug, zunächst den Weiterweg zu erkunden, um unnötige Kletterei zu vermeiden. Inzwischen war das Wetter schlecht geworden und die beiden in einer wenig beneidenswerten Lage. Denn sollte der Durchstieg auf den Grat und der Weiterweg zum Ortler nicht gelingen, mussten sie auf dem unter großen Gefahren und Schwierigkeiten heraufgekletterten Weg auch wieder hinab. Über eine halbe Stunde wartete Harpprecht auf einer abschüssigen Platte und fürchtete schon, Dangl sei abgestürzt, als er sich entschloss, wenigstens zu einer Rippe weiter zu klettern, um mehr Überblick zu haben. Dort angekommen, hörte er auch endlich die Rufe seines Führers, er solle gleich ganz hinaufkommen. Ein Abstieg über den Grat zum Hochjoch erschien als zu schwierig, um als Ausweg aus ihrer Lage in Betracht zu kommen. Das war Harpprecht nur recht, denn die Vollendung der Route zum Ortlergipfel bedeutete doch die Eröffnung eines vierten unabhängigen Ortleranstiegs. Am Grat angekommen stellte sich aber auch heraus, dass von der Erstbegehung des Hochjochgrates keine Rede sein konnte. Denn die beiden hatten den Grat weit jenseits der Stelle erreicht, an der Weilenmann umgekehrt war. Der schwierigste Abschnitt des Grates war also nach wie vor unbegangen. Deshalb billigte man der Aufstiegsrinne Harpprechts aber auch eine gewisse Selbständigkeit zu, und der Anstieg wurde in den folgenden Jahren sogar öfter wiederholt. Heute ist die Harpprechtrinne nur mehr selten begehbar, da bei der heutigen Ausaperung in der Wand so große Steinschlaggefahr herrscht, dass die Verhältnisse nur noch an wenigen Tagen des Jahres geeignet sein dürften. Obwohl Theodor Harpprecht noch öfter in die Ortlergruppe kam – unter anderem auch den Monte Zebrù und die südlichen Ortlerberge bestieg –, wagte er sich nicht mehr an den Hochjochgrat heran.

Die Vollendung dieses Anstiegs blieb einem anderen vorbehalten, der auch kein Unbekannter der damaligen Bergsteigerszene war: Otto Schück.

Schückrinne

Bis heute im Gedächtnis geblieben ist der Wiener Schück vor allem als Gast des Ramsauers Johann Grill, »Kederbacher« genannt. Mit ihm beging er 1881 erstmals die Ostwand des Watzmanns, mit 1800 Metern Wandhöhe eine der höchsten Felsflanken der Ostalpen. Dies war nun beileibe nicht Schücks erste Neutour gewesen, denn zweimal hatte er in der Ortlergruppe zuvor schwierige Probleme gelöst. Und auch auf den Kederbacher werden wir nochmals zurückkommen.

Ortler vom Monte Zebrù. Im Vordergund das Hochjoch, von dort führt der Hochjochgrat zum Gipfel.

Die Schückrinne in der Ostwand des Ortlers, sie weist heute nur selten gute Verhältnisse auf.

Theodor Harpprecht

* 8. August 1841 in Stuttgart
† 31. August 1885 bei Ludwigsburg

Als 20-Jähriger kam der angehende Jurist Theodor Harpprecht erstmals in die Alpen und war vor allem vom klassischen Bergsteigen auf die hohen Gipfel der Ostalpen begeistert. In den folgenden Jahren bestieg er zahlreiche der höchsten Gipfel der Ostalpen. Neben seinen Touren in der Ortlergruppe führte er die dritte Besteigung des Hochgalls, die erste Überschreitung des Großvenedigers und mehrere weitere, wenn auch weniger bedeutende Erstbegehungen aus.

Im Alter von 28 Jahren gründete er mit der Sektion Schwaben die erste Württembergische Sektion des jungen Deutschen Alpenvereins und gab ihr als 2. Vorsitzender und Schriftführer in ihren ersten Jahren entscheidende Impulse. Seine Gefährten bezeichneten ihn als »sportlichen Hochtourengeher«, mit dem man oftmals kaum mithalten konnte.

Ab 1877 setzte ein Rückenmarksleiden seinen alpinen Ambitionen jedoch ein Ende. Nach langer Krankheit starb er in Karlshöhe bei Ludwigsburg. Bis heute erinnern der Harpprechtweg am Hochgall, das Harpprechthaus in der Schwäbischen Alb und die Berichte seiner Touren in »Bergfahrten von Theodor Harpprecht« an den schwäbischen Bergsteiger.

Von den Berichten Harpprechts inspiriert, kam Schück im Juni 1875 erstmals nach Sulden – in der Absicht, die bereits begangenen Abschnitte des Hochjochgrates über den offensichtlich schwierigen Mittelteil zu verbinden und so erstmals über den gesamten Südgrat des Ortlers zu dessen Gipfel zu klettern. Er engagierte zu diesem Zweck denn auch gleich die besten der damaligen Suldener Bergführer, Alois Pinggera und Peter Dangl. Ersterer hatte ja mit Déchy und Gefährten die Strecke bis zum Vorgipfel bereits begangen, und Dangl war mit Harpprecht die obere Hälfte des Felsgrates bereits geklettert. Wenn dies nun also nicht zum Erfolg führte, dann hätte der Grat wohl wirklich als unbegehbar eingestuft werden müssen.

Die Partie folgte am 15. Juni 1875 der Variante Harpprechts, das Hochjoch nicht von Süden durch das Zebrùtal zu erreichen, sondern durch den direkten Anstieg vom Suldengletscher. Bereits um kurz vor halb neun wurde dieses acht Stunden nach Aufbruch in Sulden erreicht. Nach einer kurzen Pause in einer weiteren Stunde auch der unschwierig zu erreichende Vorgipfel, worauf das Abenteuer der eigentlichen Erstbegehung begann: Zunächst fanden sie die von Weilenmann zurückgelassene Flasche mit der Nachricht und konnten sich so sicher sein, von jetzt an Neuland zu betreten. Dangl löste sich daraufhin vom Seil, um das Gelände zu erkunden, zu »recognoscieren«, wie es damals hieß. Der den Grat sperrende Felsturm ist »von vorne unersteiglich, gegen Westen stürzt er äußerst steil ab und nur die Ostseite weist nicht alle Möglichkeit einer Begehung ab«. Folglich stieg Dangl etwas in die Ostflanke ab und verschwand bald hinter der nächsten Felsrippe, die dann zudem noch vom Nebel verschluckt wurde. Nur das Rufen Dangls verkündete bald den Erfolg der Umgehung des Turms, worauf die beiden Zurückgebliebenen nachfolgten. Dies freilich in äußerst unangenehmem Gelände, denn »eine Reihe stark geneigter Rinnen, deren Sohle von Eis erfüllt war, musste gequert werden. Schmale, verwitterte Felskämme trennten sie voneinander, der äusserst brüchige Dolomit gebot die größte Vorsicht im Klettern.«

Die Partie umging auf diese Weise den gesamten schwierigen Teil des Grates durch eine lange und heikle Querung in der ostseitigen Flanke, bis sie schließlich auf das breite Couloir trafen, durch das Dangl mit Harpprecht zwei Jahre zuvor auf den Grat gestiegen war. Dessen Ortskenntnis erwies sich laut Schück auf dem verbleibenden Gratstück als außerordentlich nützlich, zumal das wolkige Wetter inzwischen in ein lockeres Schneetreiben übergegangen war … Das hielt das erfolgreiche Team nun nicht davon ab, bei Erreichen des Vorgipfels über eine halbe Stunde zu rasten, bevor man zum Gipfel weiterstieg.

Der Hochjochgrat war somit in einem Zug begangen, wenn auch die schwierigsten Passagen in der Flanke unterhalb umgangen wurden. Doch das war durchaus gängige Praxis und der IV. Grad damals die obere Grenze des Möglichen.

Bereits wenige Monate später wurde die Tour durch eine Schweizer Partie wiederholt, worüber aber keine Details bekannt geworden sind. Erst bei der dritten Begehung im September 1878, bei der Peter Dangl wieder mit dabei war, hielt man sich näher an den Grat und kehrte auch öfters auf ihn selbst zurück. Am 28. Juli 1880 begingen Dr. Levy und Dr. Jörg aus Wien mit dem »Kederbacher« als Führer den Grat.

Peter Dangl

Winterliche Morgenstimmung, Königspitze, Zebrù und Ortler von Nordosten.

Die erste führerlose Bezwingung des Hochjochgrats ist insofern interessant, als es sich bei den Begehern um die führerlosen Bergsteiger der damaligen Zeit überhaupt handelte: Emil und Otto Zsigmondy begingen den Grat am 30. Juli 1881 und erreichten den Gipfel erst gegen fünf Uhr nachmittags!

Doch bleiben wir noch bei Otto Schück, denn dieser kehrte im Juni 1879 auch noch einmal in die Ortlerberge zurück. Ihm war die Firnrinne in Erinnerung geblieben, welche die noch von keinem betretene Ostwand des Ortlers vom End-der-Welt-Ferner bis hinauf zur Mündung des Marltgrates in das Ortlerplatt durchzieht. Er bezeichnete sie als den »idealen Ortlerweg«, weil sie den direktesten Anstieg von St. Gertraud zum Ortlergipfel darstellte. Dass durch eine solche eng eingeschnittene Rinne ständig Lawinen für den Erhalt des darunter liegenden Gletschers sorgen, störte Schück dabei nicht und er analysierte streng, »dass die erste Lawine nicht vor 11 U. abging, und dass fast alle durch die Mitte der Rinne, wo sie sich einen tiefen Canal gegraben hatten, ihren Weg fanden«. Mit solcher Argumentation konnte er auch seinen Führer vom Hochjochgrat, Peter Dangl, überzeugen und so stiegen beide in Begleitung des jungen Peter Reinstadler am frühen Morgen des 27. Juni 1879 dem End-der-Welt-Ferner unterhalb der Ostflanke des Ortlers entgegen. Sieben Stunden lang hackte Dangl eine Stufe nach der anderen, durchaus eine mit der Hackerei des Führers Tribusser in der Pallavicinirinne am Großglockner vergleichbare Leistung. Dennoch hatte man gerade erst die Höhe der Vertainspitze erreicht, als Schück feststellte, dass die Rinne viel länger sei, als sie aussah. »Das thut nichts, und wenn wir bis Abend arbeiten müssen!« rief Dangl darauf und ging voll in seiner Aufgabe auf. Als nun aber zunehmend die herabkommenden Schneerutsche gefährlich wurden, entschloss man sich doch, die Rinne zu verlassen und direkt über die verschneiten Felsen den Gipfel zu erreichen. Dies war auch nicht so einfach, und so erreichten die drei schließlich eine zweite Rinne, die links der eigentlichen großen Rinne bis zum Gipfelbereich hinauf leitete.

Diese Tour trug Schück nicht nur Anerkennung ein, sondern auch die Kritik, zwei Führer für eine objektiv gefährliche Tour ausgewählt zu haben, von denen einer gerade mal über zwanzig war …

So stellte auch der Ortler-Chronist Louis Friedmann fest: »Solche Touren haben durch den Nachweis ihrer Ausführbarkeit jeden Anreiz zu einer Wiederholung verloren.«
In den heutigen warmen Sommern existiert die Rinne schon lange nicht mehr als Eisrinne, und die letzte Begehung liegt wohl schon lange zurück. Wobei sie durchaus noch manchmal eine Rolle gespielt hatte. Reinhold Messner war zum Beispiel nach einer Begehung der Ortler-Nordwand durch diese Rinne abgestiegen.

Klingende Namen am Suldengrat der Königspitze
Wenden wir uns wieder der wunderbaren Königspitze zu! Bereits Tuckett hatte seinen Führern Biener und Michel 1864 vorgeschlagen über den Nordwestgrat der Königspitze abzusteigen, um so in das Suldenjoch und ins Zebrùtal zurückkehren zu können. Die beiden Führer protestierten damals energisch, und so blieb es anderen vorbehalten, sich an diesem großen Grat der Königspitze zu versuchen.

Neben dem Österreichischen Alpenverein etablierte sich in Wien der Österreichische Alpenclub. Der war zwar nach Mitgliederzahl und Vereinsstruktur wesentlich kleiner als der Alpenverein, wusste seine Bedeutung aber durch die Mitgliedschaft einflussreicher und angesehener Mitglieder der Wiener Gesellschaft aufzuwerten. Sein hauptsächliches Arbeitsgebiet war der Großglockner, wo der Alpenclub das neue Gipfelkreuz stiftete und auf der Adlersruhe eine neue Hütte, die Erzherzog-Johann-Hütte baute.
Otto Schück war ebenso Mitglied des Alpenclubs wie Markgraf Alfred Pallavicini, eine schillernde Figur der Hauptstadt-Society, und in alpinen Kreisen durch die Erstbegehung der nach ihm benannten Rinne am Großglockner bekannt geworden. Mit seinem Kameraden Julius Meurer,

Markgraf Alfred Pallavicini

Redakteur der Vereinszeitschrift »Österreichische Alpenzeitung«, verabredete sich Pallavicini für den Sommer 1878 zur Durchführung einiger anspruchsvoller Touren. Man beabsichtigte dabei vor allem Erstbegehungen durchzuführen, wenngleich Meurer im Stil der Zeit bemerkte: »Heute, wo fast alle namhafteren Berge der Alpen ihre Besieger gefunden haben, wo beinahe sämmtliche Hochzinnen von allen vier Himmelsrichtungen her erstiegen worden sind, ist es nicht leicht noch etwas aufzufinden, was neu wäre und nebstdem doch einen gewissen touristischen Werth und Zweck repräsentiren könnte.« Neben waghalsigen Klettereien im Fels der Dolomiten hatten es Meurer und Pallavicini vor allem Touren in Firn und Eis angetan. In den Ortleralpen zog Meurer zwei mögliche Touren in Erwägung: Zum einen den direkten Anstieg auf den Ortler durch seine Ostwand, was wie schon geschildert zwei Jahre später Otto Schück bewerkstelligen sollte, und »einen Anstieg auf die Königspitze von der Suldener Seite«. Beim ihm bereits bekannten Führer Peter Dangl fragte er schriftlich an, wie dieser denn die beiden Touren einschätze. Dangl erklärte den Anstieg über die Ostwand des Ortlers zwar für technisch möglich, aber viel zu gefährlich; man sieht, wie sich seine Meinung später durch die Argumentation Schücks verändert haben muss. Meurer pflichtete Dangl bei und so blieb die Möglichkeit eines Anstiegs auf die Königspitze, obwohl Dangl geschrieben hatte: »Tour auf Königsspitze sehr schwierig und dabei zweifelhaft, ob überhaupt möglich«. Nun, dies war ganz nach dem Geschmack der Wiener Abenteurer vom Schlag eines Markgrafen Pallavicini.
Am 6. Juli 1878 war es soweit. In Begleitung der Führer Peter Dangl sowie Alois und Johann Pinggera brachen sie zu fünft um drei Uhr morgens von der Schaubachhütte auf. Den Eisfall des Königswandferners durchstiegen sie in seiner unteren Hälfte noch direkt, bevor sie nach rechts in die Felsen wechselten. Zwar ist die Kletterei ab hier schon nicht ganz einfach, doch darüber verliert Meurer in seinem Bericht fast keine Worte und schildert bald den interessanten, weil ausgesetzten und in großer Höhe liegenden Teil der »Excursion«. Nach der Vereinigung mit dem vom Suldenjoch heraufziehenden Grat befanden sie sich zwar nur noch gute hundert Höhenmeter unter dem Gipfel, aber noch in beachtlicher horizontaler Entfernung von ihm und durch einen ganz schön gezackten Abschnitt vom leichten Gipfelgrat getrennt. So lag ein Felsblock so sperrend über dem Grat, dass ein Weiterkommen unmöglich schien und Alois Pinggera bereits den Abbruch der Tour vorschlug. Wieder einmal war es Peter Dangl, der auf seine mehrfach geschilderte Art Schwierigkeiten wie diesen begegnete: Er band sich aus und stieg alleine rechts in die Südflanke hinunter, um die Möglichkeit einer Umgehung zu »recognosciren«. Skeptisch beobachteten dies die Zurückgebliebenen, bevor sie wieder einmal durch Dangls Rufen zum Nachkommen aufgefordert wurden. Erneut hatte der glänzende Führer seinen Wert auf solchen Touren bewiesen und für den Durchbruch gesorgt. Zwar mussten wie schon beim Hochjochgrat einige vereiste und

Königspitze und Zebrù von Ostnordost, dazwischen im Profil der Lange Suldengrat der Königspitze.

von Neuschnee verkleisterte Rippen heikel überquert werden, doch konnten sie so die schwierigen Felstürme in kurzer Zeit hinter sich lassen und erreichten den Firngrat, der bald breit und flach zum Gipfel der Königspitze führt. Der seinerzeit hinsichtlich Einzelstellen-Schwierigkeit und Gesamtanforderung gewaltigste Anstieg auf die Königspitze war damit gefunden.

Der Grat teilt sich am P. 3752. Der von Meurer und Pallavicini begangene Ast fällt nach Norden ab, während der Hauptkamm zum Suldenjoch absinkt. In der Literatur ist der letztgenannte kurze Abschnitt der eigentliche Suldengrat, der bis zu diesem Zeitpunkt noch unbegangen war. Der begangene Abschnitt wurde lange Zeit Mitschergrat genannt, nach dem Firnkopf, der sich vor dem Abbruch zum Suldenferner erhebt und Mitscherkopf genannt wird. Heute ist eher die Bezeichnung »Kurzer« und »Langer Suldengrat« gebräuchlich, wobei nur der letztere noch regelmäßig begangen wird. Der Kurze Suldengrat ab dem Suldenjoch ist sehr brüchig geworden und zudem der Zustieg recht umständlich. Dennoch soll seine Erstbegehung nicht unerwähnt bleiben, denn auch hier trugen sich bekannte Alpinisten in das Geschichtsbuch der Ortlerberge ein!

Die ebenfalls dem Alpenclub Österreich angehörenden Alpinisten Dr. R. Levy und A. Jörg waren am 28. Juli 1880 unter Führung des Ramsauers Johann Grill wie bereits geschildert über den Hochjochgrat zum Ortlergipfel geklettert. Zwei Tage zuvor hatten sie in Begleitung des Trägers Sebastian Reinstadler aus Sulden den direkten Aufstieg vom Suldenjoch zum Gipfel der Königspitze realisiert. Die für die damalige Zeit höchst anspruchsvolle Tour verlief bemerkenswert problemlos, was nach Aussage Levys der glänzenden Führungsarbeit des Kederbachers zu verdanken war. Der spätere Erstbegeher der Watzmann-

Ostwand war der berühmteste Bergführer Deutschlands und erwarb sich diesen Ruf nicht nur in seiner Berchtesgadener Heimat.

Für die Erstbegehung des Kurzen Suldengrats führte er seine Gäste zunächst vom Suldenferner direkt durch den Eisfall, der aus dem Gletscherbecken zwischen Königspitze und Zebrù herabfließt. Dieser war zwar zuvor durch Déchy und Hecht schon einmal begangen worden, doch erreichten sie »unter der glänzenden Führung Kederbachers […], ohne genöthigt zu sein, im Spaltengewirre auch nur einen Schritt zurückzumachen, durch die Séracs hindurch das Suldener Joch um 9 U. 30.« Am steilen Grat musste Johann Grill oftmals Stufen schlagen, bevor sie den Vorgipfel erreichten. Im Unterschied zu Dangl, der den gezackten Teil des Grates noch in der Südflanke umgangen hatte, beging die Partie nun den Gratkamm, auch wenn dabei oftmals der IV. Grad erreicht wurde. So schilderte Levy den Grat als »äusserst schwierig« und auch der viel herumgekommene Kederbacher bezeichnete »die Tour für eine der schwierigsten, welche er je ausgeführt hatte«.

So waren alle Grate der Königspitze begangen, und nur die Nordwand des Berges stellte noch ein Ziel dar. Obwohl die Nordwand selbst erst für die Bergvagabunden der dreißiger Jahre lösbar sein sollte, wagten sich doch nur drei Jahre nach den ersten Begehungen des Suldengrats die ersten Menschen in diese Flanke!

Die Minnigeroderinne in der Südostflanke des Ortlers, rechts der Ausstieg zum Hintergrat, links der Direktausstieg zum Gipfel.

Professor Minnigerode und seine Eisrinnen

Immer wieder tauchten am Ortler Bergsteiger aus entfernten Gegenden auf, die Gefallen an den Gletscherbergen um Sulden gefunden hatten und bei ihren mehrfachen Besuchen gleich mehrere Erstbegehungen verbuchen konnten. Theodor Harpprecht ist ein Beispiel, und Professor Dr. Minnigerode aus Greifswald ein anderes. 1878 kam er erstmals nach Sulden, um den Ortler über den Hintergrat zu besteigen, und doch wurde schon diese erste Tour zu einer besonderen: In Begleitung von Alois und Johann Pinggera stieg er am 17. September 1878 bis zu den Felsen an, die der Hintergrat vom Oberen Knott aus zum Suldenferner entsendet, als ihn der hinterste Winkel des Suldenferners interessierte, der durch die Wände von Hochjochgrat und Hintergrat umrahmt wird. Durch eine schwach ausgeprägte Rinne waren fünf Jahre zuvor Harpprecht und Dangl zum Hochjochgrat hinaufgestiegen. Doch auch direkt vom Gipfel des Ortlers führt eine Rinne hinab, vereinigt sich auf halber Höhe mit einer, die von der flachen Passage des Hintergrates nach dessen Signalkopf herunterkommt und so münden beide Rinnen als eine auf den Suldenferner. Alois Pinggera war sofort bereit, dem Vorschlag Minnigerodes zu folgen und einen Anstieg durch diese Rinne zu versuchen. Lawinen waren zu so später Jahreszeit nicht mehr zu erwarten und offensichtlich war es auch kalt genug, so dass man den Steinschlag nicht allzu sehr fürchten musste. Nach einer mehrstündigen Hackerei erreichten sie den Hintergrat, denn an der Verzweigung der beiden Rinnen waren sie dem rechten Ast gefolgt.

Dieser Ausstieg noch weit unterhalb des Gipfels ließ Minnigerode nicht ruhen, und so wiederholte er die Tour im September 1881, wieder mit den selben Führern. Diesmal bogen sie nach links ab und erreichten bei nicht viel größerer Steilheit (bis 50°) den Ausstieg direkt am Ortlergipfel. Bezüglich der Lawinengefahr eines solchen Anstiegs meinte der Erstbegeher: »Das Interesse dieses Anstiegs besteht darin, dass man Gelegenheit hat, die schönsten Lawinenstürze aus unmittelbarer Nähe zu beobachten. Namentlich auf dem Theile des Weges, der zwischen dem großen Felsen und der ersten Rinne hinführt, sausten die Schneemassen nur wenige Fuß weit an uns vorüber, während wir vollkommen gesichert waren.« Ganz so kalkulierbar ist die Gefahr denn doch nicht, wie die Begehung durch Theodor Christomannos zeigt, der beim Aufstieg im Oktober 1890 durch Steinschlag ernsthaft verletzt wurde. So haben diese Anstiege Minnigerodes heute eigentlich keine Bedeutung mehr, sieht man davon ab, dass die Linke Rinne nach wie vor ein beliebter weil schneller Abstiegsweg (!) für jene ist, die heute – meist im Frühjahr – durch die Nordwand des Ortlers hinaufkommen. So ändern sich die Zeiten.

Zwei weitere Touren Minnigerodes verdienen es, erwähnt zu werden. Zum einen war er es, der in Begleitung seines Führers Alois Pinggera am 3. September 1880 den Zebrù erstmals überschritt, und er war es auch, der sich als erster in die haltlose Nordostseite der Königspitze wagte.
Bei der Überschreitung des Zebrù war der Zustieg abenteuerlicher als die folgende Tour, denn der Durchstieg durch den Eisfall, der vom Suldenjoch zum Suldenferner abbricht, verlangte den beiden einiges ab. Neben dem Mißgeschick, dass Pinggera bei einem Sturz seine beiden Beile und den Hut verlor, die erstmal wiedergefunden werden mussten, strotzt der Bericht vor zusammenstürzenden Eistürmen, die eben immer dann zusammenbrachen, nachdem man sie gerade passiert hatte …
Anlässlich dieser Überschreitung wurde auch der Südostgipfel des Zebrù erstmals betreten.
Eindrucksvoller ist die erste Begehung der Nordostwand der Königspitze, die Minnigerode mit Alois und Johann Pinggera sowie Peter Reinstadler am 21. September 1881 ausführte, also kurz nach der Tour am Ortler.

Es gäbe noch viele Ereignisse aus diesen Jahren zu schildern, neben den Erstbegehungen einiger kleinerer Touren im Umfeld vor allem die Leistungen von Beatrice Tomasson, die bei den Erstbegehungen von Routen durch die Nordostwand des Zebrù und Südwestwand des Ortlers 1898 bewies, dass schon zu damaliger Zeit auch Frauen beachtliche Touren absolvierten.

Der letzte große Grat: Marltgrat
Eine Tour ragt aus der Zeit der »Goldenen Jahre« in Sulden noch heraus, die Louis Friedmann mit seinen Wiener Kameraden Schmitt, Matasek und Fischer sowie dem Münchner Albrecht von Krafft am 22. August 1889 bewältigte: Über den Marltgrat erreichten sie den Ortlergipfel. Treibende Kraft war Louis Friedmann, der in der Ortlergruppe seine Hausberge gefunden hatte. Ihm ging es dabei nicht nur um die Durchführung eigener Touren, sondern er war der erste, der die mittlerweile 80 Jahre umfassende Geschichte der Erschließung dieser Berge ordnete. Dabei prüfte er auftretende Rätsel selbst und so war er der erste, der die umstrittene Frage der Erstbesteigung der Königspitze durch die Wiederholung der Tour zu lösen versuchte.
Seine umfassende Kenntnis der Ortlergruppe brachte Friedmann in das Standardwerk Professor Eduard Richters ein, der in dem dreibändigen Werk »Die Erschließung der Ostalpen« die

Am Ausstieg des Marltgrats. In der Tiefe der Marltferner.

gesamten alpinen Aktivitäten seit der Erstbesteigung des Großglockners in den Ostalpen zusammenzufassen versuchte. Friedmann trug dazu das Kapitel über die Ortlergruppe bei. Mit dem Marltgrat konnte sich Friedmann nun selbst eintragen.

Schon um halb zwei verließen Friedmann und seine Kameraden ohne einheimischen Führer Sulden, um dann am Fuß des Grates fast eine Stunde zu warten, bis die weichende Dunkelheit die Struktur des Grataufbaus erkennen ließ. Eher durch Geröll und brüchiges Gestein als durch schwierige Kletterstellen gebremst, erreichten sie schon bald etwa die halbe Höhe des Grates, und erst hier mündete die Beliebigkeit des ungegliederten Geländes in eine streng vorgezeichnete Linie, die die fünf verfolgen mussten: Sehr steil führten die Felspassagen des Grates hinauf, und die schwierigsten Stellen mussten seitlich in eisgefüllten Rinnen umgangen werden. Ab hier wurden die Kletterer zunehmend von Nebel umhüllt. Dieser erschwerte zwar die Orientierung nicht direkt (da es immer am Grat hinaufging), sie konnten jedoch nicht mehr einschätzen, wie hoch sie waren, und erwarteten so sehnsüchtig den Ausstieg auf den Ortlerferner. »Ich wusste, daß das letzte Stück unseres Weges auf einem Firngrate zum Ortlerplateau führe, und so oft wir einen solchen betraten, klopfte das Herz in freudiger Hoffnung, der nur zu bald ein im Nebel aufragendes Felsgebäude ein Ende machte.« So hatten die fünf den schwierigsten Teil auch noch vor sich: Bevor der Marltgrat als wun-

Die Einweihung der Payerhütte, rechts neben der Tür stehend Johann Stüdl.

derbare Firnschneide in den Oberen Ortlerferner mündet, trägt er zwei große Felsköpfe, die jeweils einen schwierigen und hohen Abbruch bilden. So erreichten sie zunächst den Fuß des ersten Turmes, der sich in direkter Linie als nicht ersteigbar erwies, so dass Friedmann ihn rechts über dem Schlund der Ortler-Nordwand umgehen musste. Dies kostete vor allem Zeit. Den zweiten Turm konnten sie durch einen Kamin in der linken Flanke besteigen, und erst jetzt war der Weg zum Ausstieg frei. Nur wussten sie dies im Nebel noch nicht: »Ausser Stande, auch nur 30 Schritte weit zu blicken, in banger Ungewissheit über die Dauer des Anstiegs, der noch erübrigte, zogen wir, Meter für Meter langsam gewinnend, in stummer Resignation unseres Weges.« Um kurz vor sieben Uhr in den Abendstunden erreichten sie den flachen Gletscher, wo sie angesichts der Tageszeit auf den Gipfel verzichteten und sich gleich nach rechts zum Abstieg wendeten. In der Finsternis hatten sie dann noch Probleme, die Payerhütte zu finden, deren Schutz sie erst um neun Uhr in Anspruch nehmen konnten.

Über die Felsqualität vor allem im mittleren Teil des Grates bemerkte Friedmann schon damals: »Das lose Gestein ist scheinbar nur durch die Vereisung zusammengehalten.« Da die Vereisung heute größtenteils verschwunden ist, ist der Grat mittlerweile noch brüchiger geworden und damit die Frequentierung des Marltgrates entsprechend zurückgegangen.

Der letzte noch unbegangene Grat des Ortlers, der westliche Seitenast des Marltgrates und als solcher nicht sehr bedeutend, wurde am 30. Juni 1904 von H. Rothböck und den Führern F. Pinggera und F. Angerer begangen. Dieser seither Rothböckgrat genannte Anstieg wird kaum mehr begangen, der Marltgrat ist lohnender. Bei beiden Wegen ist das brüchige Gestein jedenfalls eine große Gefahrenquelle.

So schien die Erschließung der Ortleralpen abgeschlossen, und Louis Friedmann wies bereits darauf hin, dass alle natürlich vorgegebenen Anstiegslinien auf den Ortler bereits Ende des 19. Jahrhunderts erschöpft seien – bis auf eine: Die letzte, die noch ausstand, war die Nordwand, doch dieses Problem sollte einer anderen Generation vorbehalten sein, die erst nach dem Ersten Weltkrieg ans Werk gehen konnte.

Erlebt man auf dem Oberen Knott am Hintergrat die Nordwand der Königspitze bei Sonnenaufgang, so hat sich der Tag schon gelohnt.

Gebirgskrieg

Warum die Erschließung der Ortleralpen gegen Ende des 19. Jahrhunderts zum Erliegen gekommen ist, mag man im Charakter der noch ausstehenden Routen erkennen können, die später erschlossen wurden: Es waren dies die großen Eiswände, für diese fehlte nämlich bis in die zwanziger Jahre schlicht und einfach die Ausrüstung! Man kann eine Ortler- oder Königspitze-Nordwand nicht ausschließlich mit Stufenschlagen begehen; eigentlich konnte man ohnehin allenfalls Kerben ins Eis hauen. In diesen fand man erst mit den durch Oskar Eckenstein endlich entwickelten Steigeisen Halt. Vor allem deshalb war es den Bergvagabunden der dreißiger Jahre vorbehalten, die großen Nordwände zu ihren Aufgaben zu machen.

Zuvor jedoch spielten sich ganz andere Szenen dort ab, wo bis dahin nur wenige, naturverbundene Alpinisten ihre Spuren gelegt hatten: Mit dem Ausbruch des Ersten Weltkrieges erreichte der Krieg erstmals die Hochregionen der Gebirge, in denen bis auf einzelne Hinterhalte oder Scharmützel noch nie gekämpft worden war.

Für entscheidende Schlachten waren die Heere in früheren Zeiten auf freie Flächen angewiesen, auf denen die Feldherren ihr taktisches Geschick zu beweisen hatten – nicht umsonst stammen daher auch die Bezeichnungen Schlacht-»feld«, »Feld«-herr. Bis dahin war das Militär im Gebirge nur beim Übergang desselben zu beobachten gewesen, sei es Hannibal über eine heute nicht mehr nachvollziehbare Route bei seinem Marsch auf Rom oder Napoleon mit seinem riesigen Heer beim Übergang über den Großen St. Bernhard.

Die technische Weiterentwicklung ermöglichte auch die Kriegsführung im Gebirge: Mit Hilfe von Seilbahnen konnte nun das Kriegsgerät in die Höhe geschafft werden.

Seit 1363 war Tirol mit kurzen Unterbrechungen (z.B. in napoleonischer Zeit) Teil des bis 1914 zu riesenhafter Größe angewachsenen Habsburgerreiches. Als solches bildete es den westlichsten Landesteil. Zu Beginn des 1. Weltkrieges schien die Situation im Westen wenig brisant, denn die Nachbarn Deutschland und Italien waren im Dreibundvertrag mit Österreich verbündet, die verbleibende Schweiz verhielt sich seit jeher neutral. Erst mit der Aufkündigung des Dreibundes durch Italien am 4. Mai 1915 und der folgenden Kriegserklärung am 23. des Monats wurden die Grenzen Südtirols plötzlich zur Front. Im Ortlergebiet verlief diese Grenze vom Dreiländereck am Stilfser Joch über den Hauptkamm der Ortleralpen.

Für die Österreicher galt es nun, den Einmarsch der Italiener auf Tiroler Gebiet zu verhindern. Dieser wurde auch nicht über die höchsten Scharten und Grate erwartet, sondern im Brennpunkt standen zunächst natürlich die Täler und die sie verbindenden Pässe. Das Kriegsgeschehen am Ortler nahm somit am Stilfser Joch seinen Ausgang. Hier hatten die Österreicher schon früh Festungsanlagen errichtet, die es den Italienern unmöglich machten, hier auch mit noch so großem Material- und Personalaufwand durchzubrechen. Die Versorgungsanlagen lagen am steilen Hinterhang, für die Artillerie so nicht erreichbar, und die überhöhten Stellungen der Österreicher beiderseits des Jochs verhinderten jede Annäherung der Italiener. So war es nur logisch, dass diese ihre Chance auf anderen Übergängen des Gebirges suchten, worauf auch die Verteidiger entsprechend reagierten. Nur durch diese Logik verlagerten sich die Stellungen bis hin zu den höchsten Gipfeln: Den Ortler selbst besetzten schließlich die Tiroler, die Königspitze die Italiener.

Eine der drei zurückgebliebenen Kanonen unter den Zufallspitzen.

Was der Kampf in diesem Gelände bei Wind und Wetter, Tag und Nacht und Sommer wie Winter bedeutete, können sich heute auch nur jene vorstellen, die wenigstens selbst einmal auf einer Tour in diesen Bereichen von schlechtem Wetter überrascht wurden.

Die Tiroler Stellungen wurden unmittelbar nach der italienischen Kriegserklärung durch die Tiroler Standschützen gehalten, denn die drei Kaiserschützenregimenter Tirols, die regulären Truppen also, waren in Russland und Galizien gebunden. Dies wussten auch die Italiener und setzten mit der überraschenden Kriegserklärung wohl auf den Überraschungseffekt und hofften, mit Tirol wenig Mühe zu haben. Umso mehr verblüffte sie der Widerstand, der ihnen vom ersten Tag an von den Graten in Form von gezieltem Feuer der Standschützen entgegenschlug.

Bis zum Kriegsende konnten die Italiener im Gebiet des Ortlers keine nennenswerten Einbrüche erzielen, die Verteidiger hielten bis zuletzt jeden Meter. Dass nach Kriegsende dennoch alles verloren war, Tirol geteilt wurde und Südtirol unter die Herrschaft Italiens geriet – darin sehen viele bis heute die eigentliche Tragik des in heutiger Zeit ohnehin absurd erscheinenden Wahnsinns im Ortlereis. Zwischen 150 000 und 180 000 Tote forderte der Krieg an der Hochgebirgsfront zwischen Isonzo und Stilfser Joch, wobei zwei Drittel nicht Opfer feindlicher Geschosse wurden, sondern Opfer der Natur: Lawinen und Steinschlag forderten 60 000, weitere 60 000 dürften durch Erfrierung, Krankheit und Erschöpfung umgekommen sein. So fragwürdig die Gründe für den Wahnsinn des damaligen Stellungskampfes heute auch erscheinen, die Vorgänge rund um Einzelschicksale kann man nicht mit den Maßstäben der heutigen Zeit messen und allzu schnelle Urteile dazu fällen. Was bleibt, sind die unvorstellbaren Einzelleistungen der Männer, die im Glauben waren, das Richtige für sich, ihren Hof, ihre Familie wie für ihre Heimat zu tun. Insofern sind auch Einzelheiten des hier nur in den groben Umrissen geschilderten Geschehens interessant. Sei es die Eroberung des Monte Scorluzzo, der Bau des Stollens durch das Eis der Nordwand der Trafoier Eiswand (400 Meter Höhenunterschied in einer bis 55° steilen Eiswand!), oder auch nur die »kleinen« Geschichten wie die Begegnung der beiden aus früheren Zeiten befreundeten Bergführer Tuana und Pinggera bei einem Patrouillengang: »So leicht kommst' mir nicht weg, ein Fässchen Wein wirst schon springen lassen müssen!«, meinte Pinggera zu Tuana, der dies nach dem Krieg auch einlöste. Beide sahen sich, weil sie beobachtet worden waren, 1921 in Florenz beim Prozess gegen Tuana wieder, der wegen »Verrats von Kriegsgeheimnissen« angeklagt worden war. Man habe nur über Wein gesprochen, sagte der Zeuge Pinggera unter dem schallenden Gelächter des Publikums aus, immerhin wurde Tuana freigesprochen.

Was außer den Geschichten von damals noch bleibt, sind die Relikte der Kämpfe, die heute in Zeiten des Gletscherrückgangs mehr und mehr sichtbar werden: Auf sämtlichen Scharten und Jöchern des Hauptkamms, vor allem auf jenen, die heute seltener aufgesucht werden, findet sich alles, was damals liegen blieb: Die Reste der Unterkünfte, Öfen, Konservendosen, Seilbahnmaterial, aber auch Munition und immer wieder die Reste der Soldaten selbst. So mag der Bergsteiger heute bei einem solchen Fund kurz innehalten und sich bewusst machen, dass es vielleicht nicht doch so selbstverständlich ist, mit bester Ausrüstung hier oben seiner erfüllenden Freizeitbeschäftigung nachgehen zu können.

Ausgeaperte Relikte des Ersten Weltkriegs.

Die »letzten Probleme« der Bergvagabunden

Die »letzten Probleme« sind in den dreißiger Jahren zum geflügelten Wort der damaligen Leistungsträger im Bergsport geworden, die sich als die letzten Eroberer der Alpen sahen.

Es waren die berühmten Bergvagabunden, meist mittellose Gestalten, die der Erste Weltkrieg hervorgebracht hatte und die ihre im Übermaß vorhandene Freizeit in den Alpen verbrachten. Mit dem Fahrrad erreichten sie ihre Ziele. Das wenige Geld, mit dem sie auskamen, verdienten sie sich mit teils exotischen Arbeiten, als Hafenarbeiter in Marseille beispielsweise, wie Anderl Heckmair erzählt. Die berühmtesten dieser Bergvagabunden kamen aus München, es waren Bergsteiger wie Anderl Heckmair und Hans Ertl, Leo Rittler und Hans Brehm. Zu ihnen stießen weitere Spitzenbergsteiger, die jedoch durchaus in halbwegs bürgerlichen Verhältnissen lebten, wie Willo Welzenbach und die Gebrüder Franz und Toni Schmid, denen 1931 die Erstbesteigung der Matterhorn-Nordwand gelingen sollte.

Die »letzten Probleme«, das waren nicht nur die letzten Wände der Alpen, durch die noch keine Route führte. Diese Touren erforderten einen auf den ersten Blick erkennbaren Einsatz, den viele der damaligen »älteren« Bergsteiger kategorisch ablehnten, den des eigenen Lebens. Und mit der Ablehnung dieses Einsatzes wurden auch die Touren der Bergvagabunden abgelehnt, ihre Protagonisten als junge Spinner diffamiert. Viele der Bergvagabunden und ihrer nicht ganz so vagabundierenden Kameraden verloren ihr Leben in diesen letzten Problemen: So z.B. Hans Brehm und Leo Rittler 1931 in der Nordwand der Grandes Jorasses, Max Sedelmayr und Karl Mehringer 1935 in der Eiger-Nordwand.

Zu den letzten Problemen, die vorwiegend den Insidern bekannt waren, zählten auch zwei Wände in der Ortlergruppe: Die Nordwände von Königspitze und Ortler. Die Nordwand der Königspitze erhebt sich rund 600 Meter aus dem wildzerklüfteten und schwer zugänglichen Kessel des Königswandferners. Die ersten 200 Meter sind ein steiler Felsbau, der durch mehrere Rippen gegliedert ist, bevor sich darüber die ebenmäßige, teils geriffelte Eisflanke aufbaut. Diese wird am Gipfel von der mehr oder weniger ausgeprägten Gipfelwechte, der Schaumrolle gekrönt, die zeitweise sogar einen Hängegletscher ausgebildet hat.

Die Nordwand des Ortlers ist ganz anders gebaut: Ein relativ schmaler Eisschlauch, leicht zugänglich zwar, nach oben jedoch immer steiler werdend. Das oberste Drittel ist durch eine Engstelle der Rinne abgetrennt, und in diesem obersten Drittel lag zur Zeit der Erstbegehung ein riesiger Hängegletscher, der mit senkrechten und überhängenden Eisabbrüchen die Wand fast unüberwindbar aussehen ließ. Louis Friedmann schrieb 1894 darüber:

»Mit den ausgeführten Ersteigungen auf den Ortler dürften wohl alle möglichen Anstiegsrouten bis auf eine erschöpft sein [...]. Wir meinen die Ersteigung des Ortlers vom Marltferner direct hinauf in die Verschneidung des Marltgrates mit dem Gipfelplateau. Nur wer es über sich bringt, sein Leben und das seiner Führer oder Gefährten völlig zu missachten, wird diesen Anstieg ernstlich versuchen.«

Diese Herausforderung war den Bergvagabunden der dreißiger Jahre gerade gut genug.

Schattig, kalt und steil: Der oberste Wandteil der Königspitze-Nordwand in den 80er-Jahren.

Der erste Streich: Königspitze-Nordwand

Die Nordwand der Königspitze sah damals leichter machbar aus als die stärker vergletscherte Ortler-Nordwand. Das dürfte auch ein Grund dafür gewesen sein, dass sich Hans Ertl und sein Gefährte Hans Brehm im September 1930 dieser Wand widmeten. Versuche des direkten Anstieges hatte es zuvor keine gegeben. Die erste Annäherung an diese Flanke war die Tour Minnigerodes durch die Nordostflanke, bei der stufenschlagend eine Neigung von fast 50° überwunden wurde. Den zentralen, spektakulären Teil der Wand berührte diese Route jedoch nicht.

Ertl und Brehm begingen die Tour Minnigerodes zur Erkundung ihres geplanten Anstiegs und kamen zum Ergebnis: »ein unmittelbarer Weg durch die Nordwand ist gar nicht kompliziert, sondern von der Natur klar vorgezeichnet«. Zwei fragliche Stellen gab es: Den Felsabbruch im unteren Wanddrittel und die mächtige Wechte am Gipfel, die die beiden direkt überklettern wollten.

Zwei Wochen bereits war das Wetter makellos gewesen, als die beiden um kurz nach ein Uhr am Morgen des 5. September 1930 aus ihrem Zelt nahe der Hintergrathütte krochen. Sternklarer Himmel spannte sich über ihnen, und nach einem kurzen Frühstück brachen beide auf und zogen los zu ihrer ersten großen Erstbegehung. Zügig überquerten sie den Suldenferner und stiegen – anders als heute üblich – direkt über den Eisfall des Königswandferners hinauf in den Gletscherkessel. Wie heute galt es schon damals, den unteren Wandteil möglichst schon überwunden zu haben, bevor die Sonne die obersten Wandbereiche berührt und den gefährlichen Steinschlag auslöst. So war es ein Wettlauf mit dem immer heller werdenden Licht am östlichen Horizont, der die beiden hinauf trieb. Der Bergschrund war leichter als erwartet, und dennoch hatten sie es nicht ganz geschafft: Streifend fielen die ersten Sonnenstrahlen in die Wand, und schon surrten die ersten Steine vorbei. Nun war schnelles routiniertes Klettern gefordert. »Links und rechts schlugen die Steine ein, die Gefahr trieb zu höchster Eile an. Hans überließ mir sofort seinen gefährlichen Standplatz und kletterte, soweit es der brüchige Fels erlaubte, mit größter Schnelligkeit weiter. Wir standen im ärgsten Trommelfeuer und waren auf das ärgste gefasst. An ein Sichern war nicht zu denken. Im Falle eines Sturzes war unser beider Schicksal besiegelt.«

Der Sturmlauf durch die brüchige Flanke, die mit dem III. Grad jedoch leichter ist, als sie aussieht, war jedoch jäh unter den grifflosen Platten beendet, die den Felsbau nach oben abschließen. Nur ein brüchiges Band erlaubte wenigstens ein Queren unter den Platten. So folgte Brehm diesem Band hinter eine Kante und signalisierte Ertl mit einem Freudenschrei, dass dies der Schlüssel zur Überwindung des Felsteils war. Über die Kante erreicht man das obere Eisfeld, nicht jedoch, ohne doch einmal den IV. Grad klettern zu müssen. Die gefährlichsten Stellen waren jedoch geschafft, denn oberhalb war der Steinschlag viel geringer, da die Wand ab hier fast völlig vereist war.

Über eine Eisrippe, aus der vereinzelt noch Felszacken herausragten, kamen beide schnell höher, bis das Eis jedoch steiler und schlechter wurde. So wurde es doch noch nötig, Eishaken zu setzen, um die Gipfelwechte zu erreichen. Ertl hatte ja durchaus vor, diese mit Hakenhilfe direkt zu erklettern. Doch die Dimensionen der Wechte hatte er unterschätzt: »Unabsehbar war die Arbeit und dazu besaßen wir ja nur vier Eishaken, wo wir deren zwanzig gebraucht hätten.« Zudem hatten die beiden bald noch ein ganz anderes Problem: Die nun schon seit zwei Wochen anhaltende Schönwetterphase neigte sich offensichtlich ausgerechnet jetzt dem Ende zu. Vom Ortler zogen dicke Wolken herüber und hüllten den Gipfel der Königspitze ein. Dazu setzte bald auch der obligatorische Wind ein und es fing an zu schneien. So gab es nur eins: Unter der Wechte hinausqueren auf den Grat. Ertl machte sich daran, die Stufen zu schlagen, und Brehm folgte ihm, wobei er mit

Hans Ertl

* 21. Februar 1908 in München
† 23. Oktober 2000 auf der Hazienda Dolorida, Bolivien

Hans Ertl prägte durch sein in Zusammenarbeit mit Walter Schmidkunz entstandenes Buch »Bergvagabunden« die ganze Generation der damaligen Bergsteiger, denen die schwierigsten Wände der Alpen kein Hindernis waren. Ertl war wochenlang mit dem Fahrrad in den Alpen unterwegs und beging schwierigste Touren. Seine Karriere als Extrembergsteiger beendete er sehr bewusst, nachdem sein Kamerad Toni Schmid in der Nordwestwand des Großen Wiesbachhorns verunglückt war.

Ein Telefonanruf des damals schon namhaften Regisseurs Arnold Franck, der für einen Grönlandfilm einen eiserfahrenen Kameramann brauchte, führte Ertl in einen neuen Beruf, der sein künftiges Leben prägte: Als Kameramann war er an zahlreichen Bergfilmen beteiligt, sowohl Spielfilmen als auch Dokumentationen, so wie z.B. jene über die Erstbesteigung des Nanga Parbat 1953.

Nachdem er bei einem Unfall seine gesamte Ausrüstung verloren hatte und gleichzeitig Kritik an seiner Tätigkeit als Kameramann von Leni Riefenstahl aufkam, zog er sich zurück und wanderte enttäuscht nach Bolivien aus, wo er auf einer eigenen Hazienda als Farmer lebte. 1981 kehrte er noch einmal zum 50. Jubiläum seiner Nordwand-Besteigungen nach Sulden zurück.

einem Umstand zu kämpfen hatte, der ihn beim Aufwärtsklettern nicht sonderlich beeinträchtigt hatte: »Leider vollführte er [Brehm] wegen seiner etwas zu weit geratenen »Original Walliser Eishose« ganz bedenkliche Manöver beim Übertritt von einer Stufe in die andere und blieb zu allem Unglück noch mit dem Steigeisen im Hosenbein hängen. Wie ein Storch balancierte er jetzt auf einem Bein und ich sah ihn schon aus dem Stand gehoben und in die Tiefe geschleudert«. Endlos lange dauerte die Querung, und die Zeit erschien Ihnen noch länger, während Ihnen der Sturm Hagelkörner ins Gesicht peitschte.

Als sie den Ostgrat erreicht hatten, verzichteten sie angesichts des Wetters auf den zwanzig Meter entfernten Gipfel, auf dem sie ja ohnehin schon einige Tage zuvor gestanden hatten. So schnell wie möglich rannten die beiden den Hang hinab und erreichten »nach ununterbrochenem Dauerlauf« um sieben Uhr abends wieder ihr Zeltlager, das sie 17 Stunden zuvor verlassen hatten.

Das Wetter war wieder gut, denn sie hatten nur ein Gewitter überstehen müssen. Der Wirt der Hintergrathütte kam zu ihrem Zelt herüber und trotz ihrer Müdigkeit erzählten sie noch lange von diesem Tag.

Für Hans Ertl war dies jedoch erst der erste Streich. Auch die Nordwand des Ortlers hatte es ihm angetan: Kaum dass er die Königswand geschafft hatte, galt es, auch dieses Problem zu lösen.

Der zweite Streich: Ortler-Nordwand

Wenn es darum ging, als erster eines der letzten Probleme zu lösen, so musste man vor allem auch schneller sein, als andere. Ein regelrechter Wettlauf war entstanden – Ertl schrieb dazu: »Die Ostalpen, die Westalpen wurden durchgehechelt, jeder große Berg kam dran: Der Montblanc (die Brenvaflanke haben die Engländer), die Eigerwand (geht nicht), Matterhorn-Nordwand (ja, das

Hans Brehm

wäre was), den Großglockner (hat der Welzenbach), der Ortler (Hans Ertl, halt Dich dran).«

Hans Ertl war 1930 nicht der bekannteste Eiskletterer. Dieser war damals Willo Welzenbach, der zahlreiche Nordwände der Berner Alpen, teils bei widrigen Verhältnissen, erstbegangen hatte. Seine Stärke lag vor allem auch im kombinierten Gelände. 1926 gelang ihm die Nordwand des Großglockners, 1925 die Nordwand der Dent d'Hérens im Wallis, eine seiner größten Erstbegehungen im Eis überhaupt.

Auch Welzenbach wusste von der Ortler-Nordwand, nicht zuletzt weil er von Ertls Erkundungstour über den Rothböckgrat im August 1930 gehört hatte. Für das Jahr 1930 war die Saison vorbei, und anders als 1926, als Welzenbach zwei anderen Konkurrenten beim letzten Schönwetter des Jahres im September die Großglockner-Nordwand weggeschnappt hatte, war dies in jenem Jahr bei der Ortler-Nordwand nicht mehr möglich. Doch kaum war der Winter vorbei, war Welzenbach zusammen mit Willi Merkl – beide kamen später am Nanga Parbat ums Leben – zu Pfingsten wieder in Sulden. 600 Meter kamen beide über den Bergschrund hinauf, als sie das Unternehmen wegen viel Neuschnee und großer Lawinengefahr abbrechen.

So war es höchste Zeit für Ertl, der zusammen mit dem späteren Bezwinger der Matterhorn-Nordwand, Franz Schmid, am 19. Juni 1931, wenige Tage nach Welzenbach, Sulden erreichte.

Im Jahr zuvor war Ertl über den die Nordwand östlich begrenzenden Rothböckgrat aufgestiegen und hatte die Wand erkundet: »Mit mehr als 1400 m und einer wechselnden Neigung bis fast zur Senkrechten schießt diese Wand vom Gipfel zum Marltferner ab. Eis- und Steinschläge aus den Serac-Bändern des Tschierfecks und vom Rothböckgrat peitschen von Zeit zu Zeit jene riesige Steilflanke und oft trägt der Wind bis zur Waldgrenze herab den feinen Staub der Eislawinen.«

Auf den Matten unterhalb der großen Moränen des Martlferners stand noch am Abend das Zelt der Nordwandanwärter, nun musste nur noch das Wetter halten. Die Zeichen dafür waren schlecht, denn als beide ihr Zelt um halb zwei der folgenden Nacht verließen, war es noch eigenartig lau, kein Tau bedeckte das Gras vor dem Zelt und statt des erhofften gefrorenen Firns erwartete beide der nasse Sulz des Frühsommers auf dem schnell erreichten Gletscher. So fuhren beide auf ihre Pickel gestützt wieder hinab zu ihrem Zelt, und »ab 4 Uhr drang wieder langgezogenes lautes Schnarchen, bis hinein in den halben Tag«. Ein heftiges Nachmittagsgewitter spülte die Feuchtigkeit aus der Luft, und so schienen die Aussichten für den nächsten Tag schon besser, denn grundsätzlich war die Wetterlage gut.

Die Hoffnung erfüllte sich: Bei sternklarem Himmel verließen die beiden am nächsten Morgen ihr Zelt und stiegen leichtfüßig hinauf zum Bergschrund, wo sie tags zuvor noch wühlen mussten. In der ersten Dämmerung überschritten die beiden, mit zwei 40-m-Seilen zusammengebunden, den Bergschrund und betraten damit die letzte unbezwungene Flanke am Ortler. Die Verhältnisse waren ideal und so kamen sie gleichzeitig gehend schnell hinauf. Doch bald wurde es steiler und so begann das scheinbar ewige Spiel, das gerade bei einer solch hohen Wand und solch kurzen Seilen besonders zermürbend werden kann: Im Wechsel von Stand zu Stand, sicherte der eine über die leidlichen Eishaken der damaligen Zeit, der andere kletterte. Um Zeit zu sparen, hackte der untere die Sicherungshaken bereits wieder heraus, während die oberen gerade geschlagen wurden. »Wie Spechte klopften wir dann beide an der Steilwand.« Trotz des Sicherns erreichten sie schon um 8 Uhr die zweite Engstelle der Wand auf etwa 3400 m. Für die verbleibende Wand schätzten die beiden noch vier Stunden Arbeit, plus eine Stunde Reserve – aber zwölf weitere Stunden sollten es werden!

Um die Leistung der Erstbegeher einschätzen zu können, muss man einerseits die schwierigeren Wandverhältnisse bedenken, andererseits aber auch die völlig andere Klettertechnik im Eis kennen, die sich von der heutigen mit modernen Eisgeräten und Zwölfzackern erheblich unterscheidet. Anders als heute hing oberhalb der zweiten Engstelle der riesige Hängegletscher in der Wand. Überhängende Eisbalkone versperrten den direkten Weg nach oben. Diese hätten, wenn überhaupt, mit den damaligen Methoden des Eiskletterns nur technisch, also mit Trittleitern und Schlingen in den geschlagenen Haken hängend, überwunden werden können – was aber auch sehr zeitraubend und anstrengend gewesen wäre.

Den einzigen Durchschlupf bot nun die Rinne zwischen den Eismassen zur Linken und der Felswand zur Rechten. Dieser Umstand kam dem damaligen Kletterstil im Eis sogar entgegen: Eispickel, die man oberhalb einschlug und sich dann daran festhielt, gab es noch nicht. Die Hauen waren so geschliffen, dass man damit Stufen hacken konnte. Der Pickel konnte sich so nicht im Eis festbeißen, eine andere Technik kam daher zum Zuge: Man kletterte im Eis wie sonst im Fels, nur dass man die nötigen Griffe und Tritte mit dem Pickel heraushackte. Ebenfalls eine unendlich zeitraubende Arbeit, die im nahezu senkrechten Gelände auch schnell zu erheblichen Problemen mit dem Gleichgewicht führt, wie man sich leicht vorstellen kann. Sehr entgegenkommend waren bei solch einer Steilheit natürlich Kamine und Verschneidungen, in denen man mit den Steigeisen wie im Fels ausspreizen und stemmen konnte, und so auch für

Franz und Toni Schmid nach der Erstbegehung der Matterhorn-Nordwand.

den Pickel wieder mehr Bewegungsfreiheit hatte. In der engen Eisrinne zwischen den Séracs und der teilweise noch eisüberzogenen Felswand klappte dies ganz gut, nur war die Rinne nicht durchgehend bis zum Gipfelplateau so beschaffen. Mehrere fast senkrechte Eiswülste sperrten auch hier den geraden Ausstieg:

»Hohnvoll glatt hing der erste Überhang über unseren Köpfen. […] Selbst unsere kühnsten Erwartungen wurden jäh zunichte beim Anblick dieser Wülste und Eisbastionen. Dort oben also musste die Entscheidung fallen. […] Bald musste ich Stufen hauen, die Nase fest an der unglaublich steilen Eiswand. Vereiste Felsen, die daraus hervorragten, bildeten, von der Glasur befreit, willkommene Stützpunkte. Weniger erfreulich war die Entdeckung, dass an Franzens Steigeisen eine Zackenspitze nach der anderen brach; gerade jetzt, wo die eigentliche Blankeisarbeit erst begann! Ein Materialfehler trug die Schuld an dem bedauerlichen Vorkommnis; und der Weiterweg mit diesen Gleiteisen war besonders für meinen Freund eine heikle und gefährliche Angelegenheit. In einer Art Verschneidung, die die Wand mit dem Fußpunkt des Überhangs bildete, stiegen wir höher, Meter für Meter.«

Bald war aber auch diese Verschneidung zu Ende. Links lockten zwar Risse und Kamine im blauschimmernden Eis, doch das beständige Knacken und Dröhnen hielt die beiden davon ab, dort hineinzuklettern. So musste es direkt gehen:

»Weiter hackte ich, in zäher anstrengender Arbeit. An Kerben zog ich den Körper hoch, mit steifen, blutenden Fingern. Durch die scharfkantigen Eissplitter waren die Finger bald verletzt, Kälte riß die kleinen Wunden immer weiter auf und jeder Griff und Tritt war schließlich rot markiert. Haken um Haken trieb ich ein und jedes Mal frohlockt ich, wenn mein Selbstsicherungskarabiner eingeschnappt war.«

Ein kleines Felsköpfel war das nächste Ziel Ertls, und um alles wünschte er sich schon, diese wenigen Meter weiter oben zu sein, wo das Eis wieder flacher zu werden schien. Plötzlich schreckte die beiden aber ein dumpfes Krachen auf, und eine Lawine aus Schnee und Eisstaub verdunkelte den Himmel über, oder besser gesagt hinter ihnen. Wären sie schon beim Felsköpfel gewesen, so hätte sie die Lawine voll getroffen und wer weiß, ob sie sich halten hätten können. So wurde der größte Teil über sie hinweg geschleudert.

Konzentriert stieg Ertl weiter, und immer näher kam die Kante mit dem Felsköpfl, wo ein leuchtender Saum sogar Sonne versprach!

Luis Trenker, Kardinal Jozef Tomko und Hans Ertl anlässlich der Einweihung der Gedenktafel an der Hintergrathütte zum 50. Jubiläum der Erstbesteigung der Nordwand des Ortlers.

Endlich war er angekommen und er stand in der wärmenden Sonne. Das Eis war hier wieder von Firn bedeckt und die Neigung betrug »nur« noch 60°, wobei wenige Meter weiter links ein Firngrat zur Rast einlud. Nun galt es aber erst noch, den Kameraden nachzuholen: »Lange noch hörte ich sein Scharren und Klopfen, bis der schwarze Haarschopf hinter der Kante auftauchte. Mit beifälligem Grinsen überreichte er mir ein Bündel Eisenzeug, das einst den stolzen Namen Eishaken geführt, jetzt aber Stopselziehern zum Verwechseln ähnlich sah.«

Nach elf Stunden machten sie nun die erste Rast, wobei sie allein die letzten 40 Meter viereinhalb Stunden gekostet hatten! 400 Meter fehlten noch bis zum Gipfel, und so dauerte die Rast nicht allzu lange. Zum Glück war es jetzt wieder weniger steil, und so konnte der Schnitt von 10 Metern pro Stunde doch wieder deutlich gesteigert werden. Zwei weitere steile Aufschwünge, in denen Ertl wieder Griffkerben schlagen musste, folgten, bevor beide um halb sechs im Abendlicht unter den letzten beiden Steilstufen der Rinne standen. Doch hier lag nun eine fast grundlose Schicht lockeren Kristallschnees auf dem Eis, in dem Ertl auch mit Schwimmbewegungen nicht weiter kam. So querte er nach rechts, wo die angrenzende Felswand wieder mal eine rettende Verschneidung mit dem Eis bildete.

»Wild fuhr die blutige Hand zwischen Fels und Eis hin und her und hackte fiebernd nach Griffen. In wüster Balgerei konnte ich mich einen einzigen Meter emporringen. Zwei Meter nur trennten mich von der Kante, hinter der ich einen Standplatz vermutete. Doch ich war am Ende meiner Kräfte. Ich konnte einfach nicht mehr. Über 15 Stunden schon kämpften wir in der Wand und noch keine Aussicht auf Erfolg. Wenn ich nur stehen könnte, wenige Sekunden nur und rasten.«

Zwei Meter weiter rechts steckte ein Schieferstück im Eis – es wäre der gewünschte Rastplatz. Doch Ertl kam nicht hinüber. Da fiel ihm die Möglichkeit des Seilzuges ein und mit letzter Kraft schlug er einen Eishaken, an dem Schmid ihn zu der Schieferplatte abließ. In dem Moment, in dem er den sicheren Griff im Fels erreichte, brach der Haken aus und rutschte klimpernd am Seil zum Stand hinunter. Doch wieder war nur eine kleine Etappe in der riesigen Wand geschafft, und gerade die letzten Meter schienen unüberwindbar. In einer Verschneidung aus Eis ging Ertl die Seillänge fast ganz aus, bis er sich unter einem kleinen Überhang wieder nur mit Seilzug nach rechts retten konnte. Dies kostete ihn aber seinen letzten brauchbaren Haken, der nun unerreichbar einige Meter rechts von ihm im Eis steckte. Das Seil war aus. Nachziehen konnte er es auch nicht, es war feucht und steif und lief im rechten Winkel durch den letzten Karabiner. Vierzig Meter oberhalb aber erahnte er eine Terrasse, die sich später sogar als kleine Spalte herausstellte. Ideal, um auch ohne einen Haken den Gefährten nachzusichern. Doch wie sollte er diese vierzig Meter überwinden. Zum Glück hatten die beiden ein Doppelseil dabei, wie sie es sonst nur für schwierige Fels-, nicht aber für Eistouren verwendeten. So zog er das eine Seil herauf, band beide aneinander und kletterte mit dem nun 80 Meter langen Strick weiter!

In der kleinen Spalte machten die beiden die zweite Rast des Tages, um dann endlich die noch 50° steile, ansonsten aber hindernislose Schlusswand zum Ortlerplatt anzugehen. Alle Zweifel und Unwägbarkeiten waren weg, und so konnten sie sich unbeschwert durch den tiefen Schnee hinaufwühlen. 17 Stunden, nachdem sie den Bergschrund überschritten hatten, standen sie nun am Ortlerplatt, es war halb neun Uhr abends. Und wäre es nicht Juni gewesen, wären sie im Dunkeln gestanden. So stapften sie zum Gipfel hinauf und setzten sich für einige Minuten in den Windschatten der Gipfelwechte. Allein bei Sonnenuntergang am Ortlergipfel, nach der Erstbegehung der schwierigsten Tour ihres Lebens – man kann die Gefühle der beiden nur ahnen.

Im Mondlicht stapften sie über den knietiefen Schnee des Ortlerplatts hinab, kletterten über das Tschierfeckwandl ab und erreichten nach der Querung der Tabarettaspitze die Payerhütte. Diese war jedoch noch geschlossen, und so stiegen sie über ein Fenster in den Mulistall ein. Auf dem fußhohen Mist des vergangenen Sommers schliefen sie bald ein.

Für Hans Ertl war die Erstbegehung der Ortler-Nordwand die letzte Tour dieser Schwierigkeit. Berühmtheit erlangte er später durch seine Filmarbeit im Gebirge. Franz Schmid beging im August des selben Jahres mit seinem Bruder Toni als erster die Nordwand des Matterhorns, ein gleichwertiges Husarenstück wie das der Ortler-Nordwand. Im Jahr darauf stürzte er in der Nordwestwand des Großen Wiesbachhorns in der Glocknergruppe ab, als er reflexartig nach einem Haken griff, der ihm aus der Hand gefallen war.

Der obere Teil der Ortler-Nordwand im Jahr 1995.

Vergängliche Touren

Nachdem die Bergvagabunden in den dreißiger Jahren die scheinbar letzten Probleme gelöst hatten, setzte der Krieg weiteren Ambitionen ein jähes Ende.

Südtirol beobachtete zunächst interessiert die so genannte »Heimholung« der zahlreichen, zumindest teilweise deutsch besiedelten Gebiete Europas »ins Reich« auf Betreiben Hitlers und erhoffte sich so die Erlösung von der seit dem Ende des Ersten Weltkrieges andauernden Herrschaft des inzwischen faschistischen Italiens. Mussolini scherte sich wenig um die Belange der Südtiroler. Zur Energieversorgung Norditaliens wurde 1939 bis 1941 nördlich von Sankt Valentin im obersten Vinschgau ein Damm gebaut, der die natürlichen Seen Reschen- und Mittersee zu einem riesigen Stausee verband – so entstand der heutige Reschensee. Die Gemeinden wurden vor vollendete Tatsachen gestellt, die Einwohner entschädigungslos enteignet und umgesiedelt. Das Dorf Graun versank in den Fluten und bis heute erinnert der alte Kirchturm als beliebtes Fotomotiv daran.

Die Erwartungen der Südtiroler in Hitler erfüllten sich indes nicht. Um die Achse Berlin – Rom nicht zu gefährden, dachte Hitler gar nicht daran, Mussolini gegenüber Ansprüche zu stellen. Ganz im Gegenteil: Beide favorisierten eine Umsiedlung der Südtiroler in »später zu bevölkernde Ostgebiete«. Für alpinistische Großtaten blieb in solchen Zeiten verständlicherweise wenig Raum.

Erst Mitte der 50er-Jahre sollte wieder Wesentliches geschehen: Im Juni 1956 gelang Josl Knoll und Peter Pflauder die zweite Begehung der Nordwand des Ortlers, also erst 25 Jahre nach der Erstbegehung! Versuche gab es in diesen 25 Jahren durchaus, ein Versuch zweier Italiener endete tödlich.

Den beiden Zweitbegehern gelang gleich auch das Kunststück, über die Wand wieder abzusteigen! Dies taten sie freilich nicht ganz freiwillig. Bereits beim Aufstieg behinderte Schneefall und starker Nebel die Orientierung, und nur mit viel Glück kletterten sie von Durchlass zu Durchlass in den Eisbalkonen des oberen Hängegletschers. Als sie dann auf dem Ortlerplatt absteigen wollten,

Die Schaumrolle der Königspitze 1956, zur Zeit ihrer ersten Überkletterung.

merkten sie bald, dass dies im Schneetreiben und Nebel wenig sinnvoll war. So hatten sie zwei Alternativen: Mit völlig durchnässten Kleidern und vom Aufstieg entkräftet biwakieren – oder eben über die geschlagenen Griffe und Stufen der Wand wieder hinabzusteigen.

Die Schaumrolle der Königspitze

Im September des Jahres kam schließlich der 24-jährige Kurt Diemberger nach einem langen Bergsommer zwischen Montblanc, Matterhorn-Nordwand und Drei Zinnen in die Ortlergegend. Allerdings war ihm nun sein Gefährte Wolfgang Stefan abhanden gekommen, denn der hatte andere Verpflichtungen. Für Diemberger war dies kein Grund, die letzten schönen Herbsttage ungenutzt verstreichen zu lassen, und so schickte er einfach ein Telegramm an den Edelweißklub Salzburg, sie sollten ihm jemanden schicken, der mindestens die Pallavicinirinne gehen könne ... So setzte sich Albert Morocutti aufs Motorrad. Wenig später standen beide unter der Nordwand der Königspitze, um den Zustieg und die Wand zu studieren.

Gesehen hatte Diemberger die Ortlerberge schon in früher Jugend vom Gipfel der Weißkugel, und schon damals war ihm die Königspitze aufgefallen. Bei einer späteren Besteigung des Ortlers sah er schließlich die Königspitze und ihre imposante Nordwand erstmals aus der Nähe. 1956 sollte es nicht nur eine einfache Begehung der Wand werden, er hatte noch ganz an-

Kurt Diemberger

* 16.3.1932 in Villach

Nach zahlreichen beachtlichen Touren in den Alpen begann mit der Erkletterung der Schaumrolle an der Königspitze Kurt Diembergers international beachtete Laufbahn: Zunächst war er bei der Erstbesteigung des Broad Peak dabei (am 9.6.1957 mit Marcus Schmuck, Fritz Wintersteller und Hermann Buhl), am 13.5.1960 dann bei der Erstbesteigung des Dhaulagiri. Seither hat er mehr als 20 Expeditionen in aller Welt durchgeführt und stand auf den Gipfeln von Everest, Makalu und K2. Trotz der großen Triumphe blieb er aber auch von Tragödien, wie dem Verlust seiner Gefährten Hermann Buhl und Julie Tullis, nicht verschont. Kurt Diemberger hat über seine Abenteuer zahlreiche Bücher veröffentlicht und sich in späteren Jahren einen Namen als Filmemacher über die Hochregionen der Erde gemacht. Er lebt heute in Salzburg und Bologna.

deres vor: Über die riesige Gipfelwechte wollte er den Gipfel direkt erreichen, ohne vorher auf einen der Grate herausqueren zu müssen. Die Wechte war damals ausgesprochen groß und überhängend. Es war ein in den Alpen einmaliges Eisgebilde, Vergleichbares fand sich nur an den Riffelschneewänden der Anden oder des Himalaya.
Von Kurt Diemberger selbst stammt die Bezeichnung »Schaumrolle« für die Gipfelwechte der Königspitze, weil sie ihn an die Zuckerbäckerei eines Konditors erinnerte.

Zunächst begingen Kurt Diemberger und Albert Morocutti die Nordwand des Ortlers – die dritte Begehung. Dann jedoch galt die ganze Aufmerksamkeit der Königswand: Stundenlang verbrachten die beiden damit, den Weg zum Königswandferner mit Steinmännern zu markieren, die sie dann originellerweise noch mit den Seiten aus einer Illustrierten schmückten. Die glänzenden Blätter leisteten in der folgenden Nacht gute Dienste, denn ohne Probleme fanden sie so den Weg wieder. Trotzdem wurde es bereits hell, bevor sie den Einstieg erreichten. Doch auch als die Sonne bereits aufgegangen war, blieb es ruhig. Im Unterbau der Wand herrschten ideale Firnverhältnisse. Doch so leicht wollte sich die Wand nicht geschlagen geben, hundert Meter unter der Schaumrolle verschwand dann der Firn. Splittriges Eis kam zum Vorschein, und kein Haken hielt. So kletterte Diemberger diese schwierig gewonnenen Meter wieder hinunter und beide hielten erst einmal Kriegsrat in einer ausgeschlagenen Nische. Die Direttissima aufgeben? Zum Grat hinüberqueren? »Dein Liter ischt hin, du hascht verlorn, sie geant nach rechts die Teifl, jetzt wird's wild!«, freute sich der an der Hintergrathütte sitzende Alfred Pinggera, als er das Ergebnis der Beratungen durch das Fernglas sah und sich so über einen gewonnenen Liter Rotwein freute. Ganz vorsichtig tastete sich Diemberger in zahllosen herausgemeißelten Griffen und Tritten über das spröde Eis hinauf, und so erreichten beide am späten Nachmittag die Schaumrolle. Senkrecht und leicht überhängend stieg das Eis 25 Meter über ihnen empor, rechts bis hinüber zum Suldengrat, links oben ragte der große Überhang der eigentlichen Gipfelwechte heraus. Wo hinauf? Neben dem Dach eine kleine Einbuchtung, vielleicht geht es dort? So querten sie über ein Schneeband hinüber und arbeiteten sich unter Führung Diemberges hinauf, sogar hinein in die Zuckerbäckerei des Windes. Um eine Ecke herum – und dort sahen sie, dass auch diese Verschneidung von einem Überhang aus mürbem Schnee versperrt ist. Aus der Traum.
Mühsam kletterten sie zurück unter die Wechte

Die Riesenschaumrolle, die schwierigste Schlüsselstelle im Schnee und Eis der 50-er Jahre. © Kurt Diemberger

Die Nordostwand des Zebrù mit der Auf- und Abstiegsroute Kurt Diembergers zur Zeit der Begehung.

und begannen, zum Suldengrat zu queren. Wehmütige Blicke zurück, als Diemberger doch noch die einzige Möglichkeit entdeckte, wie die Rolle vielleicht überwunden werden könnte. Doch der Tag war vorbei, die Kräfte reichten nicht mehr für einen erneuten Anlauf. Über den Grat erreichten sie den Gipfel im Abendlicht.

Die nächsten Tage brachten schlechtes Wetter, Neuschnee in der Wechte, kein Haken würde mehr halten. Der Urlaub von Albert Morocutti war schließlich auch vorbei, wieder saß Kurt Diemberger alleine in Sulden, bei bestem Wetter, aber ohne Partner.
»Haben Sie nicht Lust auf eine Bergtour«, fragte er mehr verzweifelt als mit Hoffnung auf Erfolg fast jeden, der ihm auf den Wanderwegen begegnet. Doch für so ein Vorhaben findet man nicht leicht jemanden. Allein eröffnet Diemberger deshalb zwischenzeitlich in der Nordostwand des Zebrù-Nordgipfels eine neue Route. Vom Südgipfel stieg er anschließend über die 1898 von Beatrice Tomasson mit ihren Führern Hans-Sepp Pinggera und Franz Reinstadler erstbegangene Route in der Nordostwand als Erster ab – für einen Alleingänger ein haarsträubendes Unterfangen, das ihn von künftigen Solobegehungen abhielt.

In jener Woche erkletterten zwei Österreicher, Herbert Knapp und Hannes Unterweger, in der Rieserfernergruppe den Hochgall, bevor auch sie sich in die Ortlergruppe aufmachten: Die Königspitze war ihr Ziel, je nach Verhältnissen über den Suldengrat oder die Nordwand. Erfahrung im Eis hatten auch sie schon genug, Pallavicinirinne und Wiesbachhorn-Nordwestwand, die Nordostwand des Venedigers ...
Schon beim Anstieg zur Hintergrathütte sprach sie der Hüttenwirt Fritz Dangl, ebenfalls gerade beim Aufstieg zu seiner Hütte, an und erzählte ihnen, dass letzte Woche ein Österreicher die Nordwand der Königspitze durchstiegen habe und nun dringend jemanden für das letzte Stück suche. Am Abend schließlich stand jener Österreicher, Kurt Diemberger, vor ihrem Zelt. Knapp und Unterweger boten ihm ihre Hilfe an, er solle gegen Mittag des nächsten Tages am Gipfel der Königspitze sein. Knapp und Unterweger hatten sich inzwischen ohne Diembergers Wissen ebenfalls für die Begehung der Nordwand entschieden, da diese offensichtlich gute Verhältnisse zeigte. Um halb zwei in der folgenden Nacht ging's bei sternenklarem Himmel los. Viel schneller als gedacht erreichten sie den Einstieg und auch die Wand selbst brachten sie schnell hinter sich. Bereits um zehn Uhr standen sie unter der Schaumrolle, wobei ihnen die Spuren von Diemberger und Morocutti aus der vorangegangenen Woche zu Hilfe gekommen sein mögen.

Diemberger, der noch davon ausgegangen war, die beiden wollten den Suldengrat gehen, entdeckte sie von der Schaubachhütte aus in der Nordwand und spurtete zum Gipfel, wo er gegen Mittag ankam. Diemberger zeigte sich natürlich wenig begeistert davon, dass die beiden seine Idee offensichtlich übernommen hatten und nun selbst in der Wechte hingen – ohne ihn. Nun hatte er aber 12 lange Eishaken und die für die zu erwartende Aufgabe äußerst wertvollen Trittbrettl dabei, womit er deutlich besser ausgerüstet war als Knapp und Unterweger.

Über das schmale Band, das ihm Tage zuvor den Ausstieg ermöglicht hatte, querte er nun in die Wand hinein, teilweise ungesichert. Zwei Stunden verstrichen so, während derer Knapp und Unterweger frierend an ihrem Standplatz verharrten. »Über mir in der Wand, auf schmaler Leiste, steht Hannes. Ein luftiger Platz. Beachtlich, wie er sich da hinausgearbeitet hat!« Es galt nun also zunächst, zu ihm hinauf zu klettern. Dann aber konnte es losgehen: Von Unterweger gesichert, begann Diemberger das Unternehmen.

Hannes Unterweger.

Herbert Knapp.

Klettern im überhängenden Eis war damals nur technisch möglich, man musste die eingeschlagenen Haken als Griffe nutzen und für die Füße Trittschlingen hineinhängen. Dies war recht zeitraubend, da auf jeden Meter mindestens ein Haken geschlagen werden musste. Hatte man zu wenig dabei, musste man sie hinter sich auch wieder herausschlagen, eine elende Arbeit. Auch Diemberger ging es so, denn selbst die 12 Haken hatten nicht ausgereicht.

Einige Stunden vergingen, bevor Diemberger den Gipfel erreichte: »Fast behutsam durchschlage ich den letzten schmalen Schneesaum. Über mir bläst der Wind glitzernden Staub hoch. Dann ramme ich den Pickel ein und ziehe mich auf. Ein kleines Stück noch, eine letzte Anstrengung, und dann – da leuchtet die Sonne, da steh ich auf dem Gipfel!« (Zitate aus: Kurt Diemberger, »Gipfel und Gefährten«, Bruckmann 2001).

Wohl zwei Stunden dauerte es, bis er Unterweger und Knapp nachgesichert hatte. Denn weil er ja einige Haken unterhalb wieder hatte herausschlagen müssen, mussten diese von den beiden erst wieder gesetzt werden, ehe sie die überhängenden Passagen überwinden konnten. Im letzten Licht des Abends standen die drei endlich am Gipfel.

Herbert Knapp und Hannes Unterweger durchstiegen zwei Tage später die Nordwand des Ortlers – die vierte Begehung. Im Juni 1959 gelang ihnen gemeinsam noch der Walkerpfeiler an der Grandes Jorasses, am 19. August 1959 verunglückte Unterweger an seinem Hausberg, dem Werfner Hochthron.

Für Kurt Diemberger war die Schaumrolle der Beginn seiner außeralpinen Laufbahn: Schon 1957 ist er bei der Erstbesteigung des Broad Peak dabei, 1960 bei der des Dhaulagiri.

Die direkte Überkletterung der Schaumrolle glückte noch ein weiteres Mal, nämlich Diembergers eigentlichem Seilgefährten Wolfgang Stefan, der bei der Erstbegehung nicht dabei sein konnte. Dies wollte er nicht auf sich sitzen lassen! Sieben Stunden dauerte dieses Abenteuer, wobei der letzte der drei noch stürzte und frei über dem Abgrund hing, ohne Möglichkeit, wieder zur Wand zurückzukommen. Nur ein Flaschenzug der Gefährten half ihm aus dieser Position und auf diese Weise hatte schließlich auch noch nie jemand den Gipfel der Königspitze erreicht!

Weitere Begehungen gab es nicht mehr, zumindest nicht der »Original-Schaumrolle«. Denn die brach Ende der sechziger Jahre ab und stürzte die Wand hinab. Wind und Schnee formten Jahre an der neuen Schaumrolle, die schließlich auch einzigartig wurde – nur eben ohne das Gipfeldach der fünfziger Jahre. Und auch dieses zu einem kleinen Hängegletscher angewachsene Gebilde stürzte in der Nacht zum Pfingstmontag 2001 mit riesigem Getöse auf den Königswandferner. Die nächsten Jahre werden spannend – denn es ist aufregend, zu beobachten, wie sich bereits wieder riesige Wechten über der nun nackten Stelle bilden und die Königspitze ihre Schaumrolle hoffentlich wieder zurückbekommt.

Reinhold Messner am Ortler

Auch Reinhold Messner verewigte sich am Ortler mit zwei Erstbegehungen. Im Juli 1964 kam er – 20-jährig –, um mit seinem Bruder Günther die Ortler-Nordwand zu klettern. Seine erste Eiswand und die erste größere Tour, die ihn aus seinen heimatlichen Bergen des Villnösstals und der Dolomiten herausführte. Das Erstaunliche an Reinhold Messner ist eben, dass er Zeit seines Lebens bei fast jeder Tour versuchte, etwas Neues, Außergewöhnliches zu klettern. In der Nordwand des Ortlers war dies trotz seiner erst 20 Jahre nicht anders.

Wie zur Erstbegehung Ertls sperrte damals noch der riesige Hängegletscher die obere Engstelle, die zuweilen auch als »Flaschenhals« bezeichnet wird. Der Hängegletscher war somit ein riesiger Korken, an dem Ertl und Schmid, wie auch die Zweitbegeher Knoll und Pflauder, sowie Diemberger und Morocutti und alle weiteren in der engen Rinne rechts daneben vorbeikletterten. Die Überkletterung senkrechter und überhängender Eispassagen war zwar mit den damaligen Eishaken immer noch abenteuerlich, in Zeiten des technischen Kletterns im Fels und nach der Bezwingung der Schaumrolle aber nicht mehr unmöglich. So kletterten die Messner-Brüder direkt über den sperrenden Hängegletscher.

Vier Jahre später folgten die beiden Italiener Gilardoni und Zappa. Sie wichen dem Hängegletscher nach links aus, durch eine Rinne, die sich hier zeitweilig gebildet hatte. So hatte auch die Ortler-Nordwand Ende der Sechziger mehrere Anstiege bzw. Varianten, wobei ich die wichtigste bisher noch unterschlagen habe: Den Nordwandanstieg von Peter Holl und Helmut Witt im rechten Wandteil. Doch dazu später. Mit Ausnahme dieses letztgenannten Wandanstieges sind die Varianten der Messner-Brüder und Gilardoni/Zappa heute nur noch historische Anekdoten, denn den Hängegletscher der Ortler-Nordwand gibt es nicht mehr. So klettern heute praktisch alle Besteiger genau genommen die direkte Messner-Führe, freilich ohne sich dabei an Trittleitern baumelnd über senkrechte Séracs hocharbeiten zu müssen. Der direkte Ausstieg ist heute einfach logisch.

Viele der extremen Touren im Eis der Ortlergruppe sind also vergänglich. Die Schaumrolle existiert ebenso wie der Hängegletscher der Ortler-Nordwand nicht mehr.

Ein weiterer Anstieg am Ortler wurde von Reinhold Messner mit seinen Kameraden Dietmar Oswald und Hermann Magerer in zweitägiger Kletterei erstbegangen: der durchaus markante und bislang dennoch unbeachtete Südwestpfeiler.

Hermann Magerer ist als Schöpfer und Moderator der Bergsteigersendung »Bergauf Bergab« im Bayerischen Fernsehen bekannt geworden und auch die Teilnahme an dieser Erstbegehung am Ortler verdankte er dieser Eigenschaft: Messner schlug ihm Ende 1975 eben jene Erstbegehung in Begleitung einer Filmkamera vor, die erste Erstbegehung einer schwierigen alpinen Route also, bei der durchgehend eine Filmkamera dabei sein sollte.

Hermann Magerer ist ein begeisternder Erzähler, daher soll seine Schilderung dazu (aus dem Buch »Bergauf Bergab, Erzählungen mit Hintergedanken«) hier »pur« zur Geltung kommen:

Hermann Magerer und Reinhold Messner bei der Tourenplanung.

Hermann Magerer: »Erstbegehung mit R. M.«

... Die Südwestseite des Ortlers war irgendwie in Vergessenheit geraten, obgleich der höchste Spitz im Land Tirol akkurat über diese Südwestseite, über die »Hinteren Wandlen« im Jahr 1804 erstbestiegen wurde. Neben dem Erstersteigerweg, den heute kein Mensch mehr benützt, gibt es Routen von 1895, von 1898 und den »Soldà-Weg« von 1934. Ich kenne niemand, der sie je nachgeklettert wäre. Ein 700 Meter hoher Felspfeiler links der »Soldà« war offenbar noch niemandem aufgefallen. Wer läuft auch schon in dieser gottverlassenen Ecke hinter dem Ortler herum, wenn sich das Leben vorne in Sulden und auf der Stilfserjochstraße abspielt, der Reinhold Messner offenbar schon, ich frage mich nur: wann? Jedenfalls hatte er ein tadelloses Foto, in das wir die geplante Erstbegehungslinie eintrugen. Soweit der Plan, die Realisierung war schwieriger, weit schwieriger, als Reinhold Messner sich eine Filmerstbegehung vorgestellt hatte. Unsere Minilogistik schaute so aus: Eine Kamera und ein Ton in der Wand, ein zweites Kamerateam auf dem Gletscher am Wandfuß. Wenn wir schon ziemlich oben sind, läßt sich das Kamerateam 2 auf dem Gletscher von einem Hubschrauber aufpicken und fliegt für weitere Aufnahmen ziemlich nahe an die Wand heran. Wir rechnen mit mindestens einem Biwak und brauchen eine gute Sprechfunkverbindung. Ich meldete bei Reinhold Zweifel an, ob wir die notwendige Ausrüstung tragen und dabei noch eine Erstbegehung bewältigen könnten. Schon als der erste Teil vom Notwendigsten in seinem Garten in St. Magdalena am Boden liegt, akzeptiert er meine Bedenken. Ein Bergführer aus seiner Alpinschule wollte mitspielen. Er hieß Dietmar Oswald und studierte Mathematik; aber das brauchte er gar nicht, um zu erkennen, was sich an Berg- und Filmausrüstung summiert.

Hier die Szene: Im kleinen Garten hinterm Schulhaus sitzen, stehen, liegen, rumoren Uschi Messner, Reinhold Messner, Dietmar Oswald, ein Kamerateam des Bayerischen Fernsehens (3 Personen), ein Sherpa, Gast der Messners aus Nepal, Helga, Nicola, Michael und Hermann Magerer, viele Steigeisen, Seile, Steinschlaghelme, Biwakausrüstung, Kocher, Sprechfunkgeräte, Eispickel, Stiefel, Kameras und Tongeräte, Filmmaterial, Handschuhe, Anoraks, Schneebrillen, Turnschuhe, Hosen, Klettergurte, Haken, Eisschrauben, Reepschnüre und dazwischen die ruhelosen Tibeterhunde Taschi und Jakpu. Das Kamerateam des Bayerischen Fernsehens hat einen Dienstbus. Uschi Messner und die Hunde bleiben in St. Magdalena. Der Rest wird in den Magerer-VW-Bus geladen und dann starten wir nach Sulden zu Pfarrer Hurton. Es folgt eine Lagebesprechung mit ihm; alle Kontakte laufen im Pfarrhof zusammen, telefonisch und über Sprechfunk. Die Stimmung ist etwas angespannt, aber ruhig und abwartend. Der Wetterbericht verspricht wenig Gutes.

Wir fahren die Stilfserjochstraße hinauf. Von den Heiligen Drei Brunnen kommen wir in zwei Stunden zur Berglhütte. Nachts rüttelt der Wind an den Fensterläden, der Regen haut aufs Blech. Alles mögliche kann man sich dabei für den kommenden Tag vorstellen, nur nicht ein Wetter für eine lange Erstbegehung in einer Höhe zwischen 3000 und 4000 Metern.

Beim ersten Licht stehen wir fröstelnd vor der Hütte und zählen die etwas lichteren Stellen im grauen Gewölk. Dann wird es rot im Osten. Aufgeben scheint schwerer zu sein als angreifen. Den Ortler an einer Stelle angreifen, berühren, wo es vorher noch keiner getan hat. Wir brechen auf. Nur Michael und Nicola horchen weiter an der Matratze. Für einen Zwölfjährigen und eine Zehn-

Reinhold Messner bei der Erstbegehung des Südwestpfeilers am Ortler.

jährige kann der Berg rufen solange er will. Der Anstieg beginnt mit einem Abstieg zum unteren Ortlerferner. Dort trennen wir uns. Günter Johnes Kamerateam, verstärkt durch unseren Sherpa, sucht eine Position mit guter Wandeinsicht. Der fotografische Steckbrief der Route wird ihnen dabei helfen. Meine Frau Helga begleitet uns zum Wandeinstieg. Unentwegt baut sie Steinmarkierungen auf dem aperen Gletscher, um den Rückweg zu finden. Die Wettergebärden können als Zu- und als Abraten gedeutet werden. Reinhold scheint einen halben Achttausender auch nur halb so ernst zu nehmen. Wir seilen uns an und steigen ein. Die drei Aufgabenbereiche zeichnen sich sofort ab: Reinhold ist für die Führung zuständig, Dietmar für die Sicherung und mir bleibt die Filmarbeit. Am einschneidendsten hält sich das Gewicht meines Rucksacks in meinem Gedächtnis und die Tatsache, dass ich ihn ohne Unterlaß auf- und abnehme, aus- und einpacke. An steile, steinschlaggefährdete Platten erinnere ich mich, an brüchigen, eis- und schneedurchsetzten Fels, an eine exponierte Kante, viele Spreizrisse, einen ekelhaften Überhang und an die deutliche Wetterverschlechterung, die eintritt, als wir zwar die größten klettertechnischen Schwierigkeiten, aber bei weitem nicht die Tour hinter uns haben.

Über Sprechfunk verständigen wir uns mit Günter Johne und mit Helga. An Hubschrauberbilder ist nicht mehr zu denken bei dieser Wetterentwicklung, an einen günstigen Biwakplatz für uns drei jedoch dringend. Wir stemmen uns in Kaminen hoch und wühlen uns steile Schneerinnen hinauf. Auf einem kleinen Schuttplateau bei einem überhängenden Wandl rege ich die Nächtigung an. Gemütliches fehlt weit und breit. Das Wandl brauche ich, um drunter irgendwo meine Filmausrüstung zu verstauen, dass sie morgen noch funktioniert. Den Rucksack habe ich mir für meine Füße gedacht aus demselben Grund. Irgendeiner hat auf dem Kocher ein fürchterlich fades Getränk

Die Ortler-Nordwand in den 50er-Jahren, vom Tschierfeck gesehen.

gebraut. Wir holen aus den Anoraktaschen Südtiroler Brechbrot; es hat seinem Namen im Laufe des Tages alle Ehre gemacht. Verpflegung und Nächtigung scheinen im Tages- und Nachtprogramm von Extrembergsteigern eine verschwindende Rolle zu spielen. Ich weiß jetzt, warum ich nie Extrembergsteiger werden wollte. Es schneit inzwischen dicht und der Wind wird stärker. Mein Höhenmesser behauptet etwas viel zu hohes; danach müßten wir morgen zum Gipfel hinuntersteigen. Ich habe ihn nicht justiert, und den Rest der Mißweisung schafft der Tiefdruck. Der Wind heult inzwischen fast wie in Trenker-Filmen und der Schnee kommt von überall her, nur nicht mehr von oben. Lange bastele ich an der Felswand herum, bis die Ausrüstung genügend geschützt ist.

Dietmar und Reinhold liegen längst wie die Polarhunde eingerollt im Biwaksack. Ich verschaffe mir etwas Platz und krieche in meine eigene Hülle; drinnen ziehe ich die Schuhe aus und verstaue die Füße im Rucksack. [...]

Die Nacht wird lang und unangenehm; aber zusammen mit uns scheint auch der Wind irgendwann eingeschlafen zu sein. Beim allerersten Licht krieche ich aus dem Sack. Der Neuschnee liegt 20 cm hoch. Die Kamera funktioniert widerwillig, ich auch. Dietmar hat einen Stiefel im Freien stehen lassen, er ist voll. Ich bitte die beiden, erst auf mein Zeichen aus dem Sack zu kriechen. Es schaut gut aus, wenn sich ein Schneehaufen plötzlich bewegt. Wir hocken in der weißen Finsternis in etwa 3700 Metern Höhe. Wie wir uns bei dieser Nullsicht auf dem riesigen Berg zurechtfinden sollen, darüber mache ich mir keine Gedanken, wozu hat man denn zwei Profis dabei. Nach einem barbarischen Teefrühstück dürfen wir uns endlich richtig bewegen. Der zu erwartenden Spalten wegen und damit wir uns nicht verlieren, binden wir uns mit dem Seil zusammen. Ich weiß nicht mehr wie und warum, ich weiß nur noch, dass Reinhold ohne jeden Irr- oder Fehllauf nach gar nicht so langer Zeit das Gipfelkreuz des Ortlers gefunden hat. Wir filmen und gratulieren uns gegenseitig. Meine erste Erstbegehung wird mir nicht bewusst; ich sehe sie auch nachträglich nicht so. Der Erstbegeher war der erste der Seilschaft, ich bin der authentische Berichterstatter.

... soweit Hermann Magerer.

Aufgrund des brüchigen Gesteins und der damit verbundenen Gefahren teilt aber auch selbst dieser öffentlichkeitswirksam begangene Anstieg das Schicksal des Dornröschenschlafs aller Anstiege auf dieser Seite des Ortlers. So erinnert man sich wieder an das Wort Louis Friedmanns, wonach manche Touren ihren Reiz durch den Beweis ihrer Durchführbarkeit bereits verloren haben.

Peter Holl in der Ortler-Nordwand

Zurück in die Nordwand des Ortlers, wo dem Autor des Alpenvereinsführers »Ortleralpen« und hervorragendem Bergsteiger Peter Holl im Juli 1963 eine bemerkenswerte Erstbegehung gelang: Wenige hundert Meter nach dem Einstieg in die Ertlrinne querte er mit seinem Begleiter Helmut Witt nach rechts in die hier von plattigem, wasserüberronnenem Kalk gekennzeichneten Wände hinüber. Über eine Kante ging es leidlich hinauf bis zum Eisfeld, das von dem eigentlichen Eisschlauch der Nordwand kommend die Felswand unter dem oberen Drittel durchzieht. Oberhalb erhebt sich die stellenweise senkrechte Gipfelwand. Wer den Fels am Ortler kennt, weiß, was es heißt, hier zu klettern. Dazu kam, dass der Fels oft mit Wassereis überzogen war oder eingelagerte Firnfelder das Anziehen der Steigeisen erforderten. Zwei Passagen im unteren fünften Grad überwanden die beiden, bevor sie den Oberen Ortlerferner erreichten. Nun bricht dieser gerade hier jedoch senkrecht ab, und die Eiswand ist hier über mehrere hundert Meter Breite an die 60 bis 80 Meter hoch! Doch eben nicht ganz kompakt und so fand sich nach einer Linksquerung eine Schwachstelle, die »nur« noch 30 Meter senkrechte Eiskletterei erforderte, bevor Holl und Witt nach 23 Stunden auf dem flachen Ortlerplatt standen. Holl selbst schätzt diesen Anstieg als den vielleicht schwierigsten kombinierten Anstieg der Ostalpen ein. Bis jetzt ist auch nur eine Wiederholung dieses Anstiegs bekannt, bei der auch der Zeitbedarf der gleiche blieb.

Ende der Erschließung?

In Chamonix und anderen stark frequentierten Modegebieten der Alpen werden auch heute noch respektable Erstbegehungen gemacht. Einerseits sind dies Touren, die in bisher noch nicht erreichte Schwierigkeitsbereiche vordringen und so ein erfreulicher Beleg für die oft schon totgesagte Entwicklung im Bergsport sind. Manchmal sind es auch Touren, die nur den einen mit dem einige Meter daneben liegenden Pfeiler verbinden, oder die nur bei ganz speziellen Verhältnissen möglich sind (»eine dünne Eisauflage ermöglichte das Höhersteigen…«).

In den Bergen der Ortlergruppe ist so eine Entwicklung nicht zu beobachten. Dies liegt fast ausschließlich am unzuverlässigen Gestein, das durch das Auftauen des Permafrosts noch brüchiger wird. Zwar gab es bis in die 90er-Jahre noch einzelne Neutouren, doch diese werden so gut wie nie wiederholt und wurden so nur um der Ersten Begehung willen gemacht. Als aktuellstes Beispiel sei die Begehung einer der vielen Rinnen in der Südflanke der Königspitze durch die Italiener Piccoli und Chiesa im März 1997 genannt, die zwar im Fels Kletterei bis V/A1 und im Eis eine 20-Meter-Stelle mit 90-95 Grad bietet, jedoch nur im Winter begehbar ist und schon von ihren Erstbegehern sinnvollerweise »Ghost Zebrù« getauft wurde.

Ein endgültiges Ende der Erschließung, wie dies schon 1894 von Louis Friedmann festgestellt wurde, wird es wohl nie geben – auch wenn sich heute fast alle Bergsteiger in den Ortlerbergen auf nur wenigen der vorhandenen Routen bewegen. Denn selbst die großen klassischen Hochtouren wie Hochjoch-, Marlt- und Suldengrat werden heute immer weniger begangen. Nicht nur als Folge der schlechter werdenden Bedingungen (wobei man aber mit etwas Gespür immer noch ideale Verhältnisse antreffen kann!), sondern auch dem Zeitgeist folgend, in dem das Plaisirklettern gegenüber dem hochalpinen Bergsteigen zunehmend höher im Kurs steht.

Licht, Perspektive und Schneebedeckung lassen die Ortler-Nordwand zeitweise wie eine gewaltige Himalayawand erscheinen.

Dem Ortler zu Füßen

Stilfs auf der sonnigen Terrasse über dem Suldenbach. Hinten Prad, Ausgangsort der Stilfser-Joch-Straße.

Um die Verhältnisse in Sulden vor der Erschließung für den Fremdenverkehr – reichlich überspitzt – zu verdeutlichen, wird manchmal eine eher beiläufige Beschreibung in einer Ausgabe des Innsbrucker Wochenblatts im Jahr 1802 zitiert: »Im Sibirien Tyrols, allwo die Bauern mit den Bären aus einer Schüssel essen und die Kinder auf den Wölfen daherreiten.«

Für eine fundiertere Betrachtung der Lebensverhältnisse in alter Zeit muss man freilich auch zeitlich noch viel weiter zurückgreifen.

Der Vinschgau

Funde von Steinkistengräbern bei Meran und Kaltern, im »Vorhof« des Vinschgaus, bewiesen eine Besiedlung dieses vom Klima begünstigten Tals schon in der späten Jungsteinzeit, also etwa vor 4000 Jahren. Mit dem Fund des Eismannes in den Ötztaler Alpen darf diese Zeitangabe um nochmals gut tausend Jahre vordatiert werden, denn so alt ist der als »Ötzi« berühmt gewordene Gletschermann. Er stieg nach den aktuellen Ergebnissen der Forschung aus dem Schnalstal hinauf in das Tisenjoch, wo er zu Tode kam. Das Schnalstal führt vom Vinschgau hinein in die Ötztaler Alpen, und so darf man annehmen, dass der Vinschgau vor gut 5000 Jahren schon besiedelt und seine Seitentäler zumindest zum Zwecke der Jagd besucht worden sind.

Funde aus der Bronze- und Eisenzeit beweisen dann endgültig die dichter werdende Besiedlung des Vinschgaus in diesen Zeiten. Die Funde bezeugen sowohl etruskische und ligurische, als auch keltische Einflüsse. Es kann also eine Besiedlung von beiden Seiten des Alpenhauptkamms angenommen werden. Einen Schub dürfte diese infolge des verstärkten Verkehrs über die Alpen durch die Römer erlebt haben (ab 47 n. Chr. auf der Via Claudia Augusta über den Reschenpass). Von den Römern kommen auch die frühesten Informationen über die Stämme, die damals im Talboden der Etsch lebten. Plinius etwa berichtet über die Anauen, »ein rätisches Volk, in mehrere Stämme geteilt, mit eigener Sprache und primitivem Gemeinschaftsleben«. Ferner waren die »Venos-

◂ Mehr als 2000 Höhenmeter trennen den verschneiten Ortlergipfel vom Grün des Suldentals.

▸ Ewiger Schnee über den weiten Bergwäldern des oberen Vinschgaus.

ten«, von denen auch die spätere Bezeichnung »Vinschgau« für das Tal stammt, eine der ersten namentlich bekannten Stämme. Im obersten Veltlin wiederum waren die Camuni beheimatet. Alle Stämme wurden während des 500 Jahre währenden Einflusses der Römer romanisiert, was sich vor allem in der Wandlung ihrer Sprache zum Rätoromanisch ausdrückte. Rätoromanisch wird heute noch in Graubünden gesprochen, während es im westlichen Südtirol ausgestorben ist.

Mit dem Ende des Weströmischen Reiches wanderten bajuwarische Stämme nach Südtirol ein, über den Reschenpass in den Vinschgau kamen auch Alemannen. So begann sich die bis heute beherrschende Sprache durchzusetzen: Deutsch. Dies allerdings war ein über 600 Jahre währender Prozess, der somit ohne den »Kulturkampf« vor sich ging, den die spätere Italienisierung unter den Faschisten auslöste.

Die Siedlungen beschränkten sich hauptsächlich auf den Talboden des Vinschgaus, und nur zur Jagd wurden die seitlichen Hochtäler aufgesucht. Erst die steigende Bevölkerungsdichte machte es notwendig, auch die Hochtäler landwirtschaftlich nutzbar zu machen, um den Bedarf fürs tägliche Leben zu decken.

So trieb man im Sommer das Vieh hinauf und so konnte der Talboden zum Obst- und Getreideanbau genutzt werden. Dazu war zwingend eine künstliche Bewässerung notwendig, denn der Vinschgau zählt wie das Wallis zu den trockensten Alpentälern überhaupt, weil die ringsum hoch aufragenden Berge die Niederschlag bringenden Fronten abschirmen.

Zunächst waren es einzelne Höfe, die in Trafoi und der Hochebene des Suldentals wohl um 1100 gegründet worden sind; die wenig zentrierte Ortsstruktur von Sulden weist heute noch auf die so begründete Siedlungsgeschichte hin.

Sulden

Der Ursprung des Namens »Sulden« ist nicht mehr eindeutig zu klären. Eine Deutung vermutet die Herkunft aus keltischen Wortwurzeln, die »das kleine Wasser« oder »Seeboden« bedeuten. Beides ist nicht ganz abwegig, ist der Talgrund Suldens schließlich bis heute recht feucht. Der Name bezog sich bis ins 20. Jahrhundert hinein auf das gesamte Hochtal, während die eigentliche Ortschaft nach der Pfarrkirche St. Gertraud benannt wurde.

Für das Jahr 1743 weist das Taufbuch von St. Gertraud ganze 17 Häuser nach. Die Höfe waren dabei lange im Besitz der Grundherren des Vinschgaus, und die Bauern, welche die Höfe bewirtschafteten, hatten ihnen jährlich Pacht in Form von Milch, Käse und Schmalz zu entrichten. Der Grundherr überließ ihnen dafür Getreide und Salz sowie das Recht, den Hof zu bewirtschaften. Das meiste wurde somit auf den Höfen selbst produziert, der Warenverkehr über die Saumpfade hielt sich in Grenzen. Erst in der ersten Hälfte des 19. Jahrhunderts gingen die Höfe in den Besitz der Bauern über. Dies war also die Zeit, aus der das Eingangszitat stammt, und es war die Zeit, als Dr. Gebhard mit seinem Gefolge auftauchte, um den Ortler zu besteigen. Man kann sich vorstellen, wie absurd dieses Vorhaben den Bauern vorgekommen sein muss. 1805 belagerten Gebhard und viele weitere Auswärtige in den Sommermonaten Sulden. Danach jedoch kam wieder jahrelang niemand. Erst nach 1850 kamen immer mehr Besucher, die die hohen Berge sehen und besteigen wollten.

Pensionen oder gar Hotels gab es natürlich nicht, aber in Sulden war es der Pfarrer, der die Gäste beherbergte. Der Kurat Johann Eller (1829 – 1901) hatte von 1863 bis 1901 dieses Amt inne und eröffnete sein Pfarrhaus als erste Pension in Sulden – mit sechs Gästebetten. Zu seinen Gästen zählte Payer ebenso wie Harpprecht und all die anderen Erschließer der Ortleralpen. Die Gründung des Bergführervereins Sulden – Trafoi war 1876 logische Folge der verstärkten Nachfrage. Seine zwei Schwestern taten es dem Pfarrer gleich und eröffneten ihren Hof als »Hospiz zur hl. Gertraud«. So entstanden nun immer mehr Hotels

Pfarrer Johann Eller.

und Pensionen. Der Pfarrer war es auch, der die Initiative zum Ausbau des Saumpfades ergriff, der von Gomagoi herauf führte. 1892 konnte die neue Straße, die nun für Pferdegespanne befahrbar war, eingeweiht werden.

Die Stellung und der Einfluss des Pfarrers in hochgelegenen Gebirgsorten führte nicht nur in Sulden zum Aufblühen des Fremdenverkehrs, Franz Senn als Seelsorger von Vent im Ötztal oder Pfarrer Imseng von Saas Fee sind weitere bekannte Beispiele.

Dass das zur damaligen Zeit wirklich winzige Sulden überhaupt eine eigene Pfarrei war, geht auf eine Begebenheit im Jahr 1741 zurück. Bis dahin war das Suldental Teil der Pfarrei Stilfs; an einem Samstag im Winter dieses Jahres ging der Pfarrherr Christian Blaas nach Sulden, um am darauf folgenden Sonntag früh die Messe lesen zu können. Bei der Rückkehr nach Stilfs wurde er von einer Lawine verschüttet. Sein Leben verdankte er dem glücklichen Umstand, dass wenigstens der Kopf frei blieb, vor allem aber dem Einsatz seines Hundes, der allein nach Stilfs weiter lief und dort »durch kratzen und jämmerliches Gebell« Alarm schlug. Um die Seelsorger vor solchen Gefahren künftig zu bewahren, beantragte der Pfarrer beim Konsistorium des zuständigen Bistums Chur einen eigenen Geistlichen für Sulden. Dem Antrag wurde schließlich stattgegeben und Sulden erhielt mit Michael Nischler seinen ersten Kuraten – freilich erst, nachdem die Pfarrer von Schnals und Nals sich bereit erklärt hatten, die Curatie Sulden zu finanzieren.

Doch zurück zur touristischen Entwicklung unter Johann Eller: Die Eröffnung des »Suldenhotel« setzte 1892 neue Maßstäbe: Nicht nur, dass es das erste elektrische Licht im ganzen Vinschgau bot, es verfügte auch über eine eigene Bäckerei, eine Bibliothek mit Lesesaal, über Dampfheizung und – bis heute wichtig für Snobs in hochgelegenen Alpenorten – Tennisplätze. Für die Zeit vor der Jahrhundertwende war das Luxus pur und so dauerte es nicht lang, bis sich Adel und Prominenz in Sulden einfanden. Als Multiplikatoren sorgten sie für weiteren Zulauf – damals wie heute. Die Zahl der Gäste stieg noch vor dem Jahrhundertwechsel auf über 1000 pro Jahr – bei etwa 300 bis 350 Betten, wobei man berücksichtigen muss, dass es damals ja noch keinen Wintertourismus und keine Skifahrer gab.

St. Gertraud in Sulden, unter Johann Eller Ende des 19. Jahrhunderts erbaut.

DAS KLOSEN IN STILFS
Jedes Jahr am Samstag nach Nikolaus packt helle Aufregung den Ort am Ortler: Es ist der Tag des Klosens. Als Ausdruck heidnisch-rätoromanischer Traditionen, vermischt mit christlicher Nikolaus-Verehrung, liegt die Bedeutung des Brauchs in der Darstellung von Gut und Böse, Licht und Dunkel, Himmel und Hölle.

« Die »Klaubauf«, die bösesten aller Geister. Jeder Klaubauf hat eine lange Kette, mit der er Zuschauer – vor allem junge Mädchen – einfängt, hochhebt (daher »Klaub-auf«) und im Kreis schleudert.

▸ Einer der »Esel«. Um den Bauch haben sie bis zu 30 Kilo schwere Glockengurte, mit denen sie beim Umzug einen wahren Höllenlärm veranstalten – während sie jeden, den sie erwischen können, in Arme oder Beine zwicken.

◂ Der Nikolaus mit den »Weißen«, vier guten Geistern, die ihn begleiten und Mandarinen, Nüsse und Süßigkeiten verteilen.

▾ Sobald Santa Klos, der Nikolaus, vor die Kirchentür tritt, halten alle inne. Gemeinsam beten sie das »Angelus«. Die Bedeutung ist offensichtlich: Das Gute siegt über das Böse.

Der Skitourismus setzte ab 1932 ein und war mit einem stetigen Anstieg der Übernachtungszahlen verbunden – bis zur Unterbrechung durch den Zweiten Weltkrieg. Nach Kriegsende erholte sich der Tourismus zunächst nur langsam. Die spürbare wirtschaftliche Verbesserung, vor allem in Deutschland, führte ab den fünfziger Jahren dann aber zu einem regelrechten Ansturm, dem man zeitweise kaum mehr gewachsen war.

Seit den achtziger Jahren geht der Bergtourismus wieder zurück. Sulden hat sich zu einem relativ ruhigen Skiort entwickelt, Gott sei Dank ohne große »Events« wie in Ischgl oder Sölden, dafür aber nach wie vor mit einer eindrucksvolleren Kulisse.

Die Tradition der tatkräftigen Seelsorger Suldens setzte sich fort in Dr. Josef Hurton, der am 1. August 1960 sein Amt in Sulden antrat. Auf seine Initiative und sein Organisationstalent geht die Gründung des Bergrettungsdienstes Sulden ebenso zurück wie das »Haus der Berge«, finanziert von Dr. Aldo Busch.

Abendstimmung im winterlichen Sulden.

Der Riese Ortler

Dieser Riese war der größte des Riesengeschlechts, das in den wilden Tälern der Rätischen Alpen hauste und sich vom Fleisch der Auerochsen und vom Mark der Bären ernährte.

Als der Riese Ortler noch ein Knabe war, war er bereits so lang, dass er die höchsten Bäume des Waldes überragte und diese ihm beim Gehen hinderlich waren. Deshalb riss er sie kurzerhand aus oder trat sie wie schwaches Rohr nieder. Diese seine Größe machte den Riesen stolz. Sein einziger Verdruss war, dass einige Berge höher waren als er, und deshalb bemühte er sich, recht kräftig zu wachsen. Bald war er so groß, dass er auf einige Gipfel hinabschauen konnte wie auf kleine Knirpse. Deshalb reckte und streckte sich der Riese so gewaltig, bis er glaubte, weitum der höchste Bergriese zu sein und sich nun endlich Ruhe vergönnen zu dürfen.

Als der Riese wieder einmal im Bewusstsein seiner alles beherrschenden Größe die Welt unter sich verächtlich musterte, da kam ein Zwerglein an ihm heraufgekrabbelt, kletterte an ihm empor, stieg ihm frech über die Brust und Schultern bis auf den Kopf und rief, einen Purzelbaum schlagend:

»Ach, Riese Ortler, wie bist Du noch so klein!
Kleiner als das putzige Nörgelein.
Du bist gewachsen um so viel tausend Jahr,
streckst Deine Nase in den Himmel gar.
Was nützt Dir das? Was nützt Dir das?
Der Stilfser Zwerg, der Nudelkopf,
ist größer doch, ist größer doch,
heroben auf Deinem Kopf!«

Diese Rede verdross den Riesen sehr. Er wollte den frechen Zwerg ergreifen und in die Tiefe schleudern. Da merkte er erst, dass er ganz steif geworden war. Seine Arme waren schwer wie Blei und hingen schlaff an ihm herunter. Er war nicht mehr fähig, sich auch nur noch im geringsten zu bewegen.

Wie er nun, vollkommen überrascht von seiner neuen Lage, nachzusinnen und nachzubrüten begann und fortwährend nach der Ursache seines Zustandes fragte, schlief er darüber ein und erstarrte nun völlig zu ewigem Eis und Schnee.

Aus: Josef Hurton, Sulden

Wenn auch an Ortler und Königspitze heute wohl keine öffentlichkeitswirksamen alpinen Lorbeeren mehr zu holen sind, spielt die alpine Geschichte über Sulden in Form von Jubiläen doch noch eine Rolle: 1981 kehrte Hans Ertl zur 50-Jahr-Feier seiner Erstbegehungen der Nordwände von Ortler und Königspitze aus Bolivien zurück. Reinhold Messner, der über Sulden seine ersten extremen Schritte im Eis machte, bestieg am 16. Oktober 1986 mit dem Lhotse den letzten seiner 14 Achttausender und war damit der erste Mensch, dem es gelungen war, alle Achttausender der Erde zu besteigen. Seine Rückkehr aus Nepal wurde in Sulden gefeiert – mit alpiner (und anderer) Prominenz als Gästen, samt einer Fernsehübertragung ins »ZDF-Sportstudio«.

Trafoi und das Stilfser Joch

Die Besucherzahlen Trafois dürften weit über denen des eigentlich berühmteren Ortes Sulden liegen. Jedoch nur, wenn man auch jene mitzählt, die nur durch den Ort durchfahren: Trafoi ist der letzte Ort auf der Nordrampe der in Prad beginnenden Stilfser-Joch-Straße. Die Bedeutung der Pässe reicht verständlicherweise viel weiter zurück als jene der Gipfel selbst, sind sie es doch bis heute, die lange Umfahrungen ganzer Gebirgsgruppen unnötig machen und somit, vor allem der Wirtschaft, Zeit und Geld sparen.

Im Falle der Straße über das Stilfser Joch, mit einer Scheitelhöhe von 2757 m immerhin der höchste Passübergang der Ostalpen und der zweithöchste der Alpen, verhält es sich da etwas anders: Das Stilfser Joch erlangte durch politische Veränderungen eine zunächst strategische Bedeutung für den Vielvölkerstaat Österreich: Im Wiener Kongress 1814/15, der unter Führung von Österreichs Außenminister Fürst von Metternich die politische Neuordnung Europas nach den napoleonischen Kriegen zum Ziel hatte, wurde Österreich die Lombardei zugesprochen. Diese grenzt zwar unmittelbar an Südtirol und »rundete« somit das Staatsgebiet ab, war jedoch wegen trennender Gebirgskämme aus Österreich nicht direkt erreichbar. Es musste also schleunigst eine Straße her, vor allem aus militärischer Sicht. Bis dahin hatte der Übergang so gut wie keine Bedeutung gehabt, viel häufiger begangen wurde der nur wenige Kilometer benachbarte Umbrailpass, der jedoch die Verbindung aus dem schweizerischen Münstertal nach Bormio herstellt – für Österreich also im Krisenfall nutzlos.

Wo das Militär seine Interessen gefördert sah, standen auch sofort die Mittel zur Verfügung, und so wurde die Straße in kürzester Zeit, zwischen 1820 und 1826 projektiert, vermessen und schließlich trassiert. Mit den berühmten 48 Haarnadelkurven auf Südtiroler Seite und weiteren 36 nach Bormio hinab, 1839 Metern Höhenunterschied von Prad und einer Strecke von 42 Kilometern zwischen Prad und Bormio eine beachtliche Leistung der damaligen Ingenieure – namentlich

Bauernhöfe in Stilfs, im Winter erhalten viele Hänge wegen der Abschattung nur spärliches Licht.

Carlo Donegani aus Brescia – und der 2000 beteiligten Arbeiter! Denn Maschinen standen in jener Zeit weder für den Bau noch für den Transport des benötigten Materials zur Verfügung. Die Trasse selbst ist bis heute fast unverändert erhalten geblieben, sie wurde im Lauf der Jahrzehnte lediglich verbreitert und befestigt.

Verkehrstechnisch interessant sind Einzelheiten der Anlage, die dem heutigen motorisierten Besucher meist verborgen bleiben: So waren die hölzernen Überdachungen, die beim Bau auf der Südrampe zum Schutz vor Lawinen und Steinschlag angelegt wurden, die ersten Galerien überhaupt. Sie fielen freilich bereits 1848 einem Feuer zum Opfer, das lombardische Freischärler gelegt hatten. Trotz seiner enormen Höhe wurde der Pass im 19. Jahrhundert auch im Winter offen gehalten: Man bewältigte ihn dann nicht mit Kutschen, sondern mit Schlitten, für die der Schnee auf der Fahrbahn jedoch ebenfalls teils geräumt, vor allem aber festgetreten werden musste. Dafür wurden Straßenarbeiter beschäftigt, die sogenannten Rotter, die direkt an der Strecke in eigens angelegten Unterkünften wohnten.

Heute herrscht am Stilfser Joch im Winter Ruhe, denn der Pass unterliegt vom ersten Schneefall an der Wintersperre und macht meist als einer der letzten Alpenpässe erst Ende Mai wieder auf.

Touristisch zählt der Pass heute zu den Hauptattraktionen Südtirols und erhebt den Ortler zu einem der meistbewunderten Gipfel der Alpen. Gerade die Nordrampe der Straße bietet fantastische Einblicke in den wilden Talschluss von Trafoi, wo an den Flanken von Ortler, Thurwieserspitze und Trafoier Eiswand die Gletscher in die Schluchten hinunterhängen.

Den Atem raubt es einem dann auf der Scheitel-

Die Kirche von Trafoi mit dem grandiosen Talschluss; links die Trafoier Eiswand.

Die Stilfser-Joch-Straße: Unzählige Kehren führen hinauf zum höchsten Pass der Ostalpen.

Jahrmarktsrummel auf fast 2800 m Seehöhe: Die Passhöhe des Stilfser Jochs.

höhe, weniger jedoch wegen des beeindruckenden Ausblicks, denn an den dürfte man sich bis dahin gewöhnt haben. Abstoßend wirkt auf Bergfreunde eher der Rummel und die Betriebsamkeit, die sich auf der Passhöhe entwickelt hat. Hand in Hand mit der Anlage des Sommerskigebiets am Joch wurde gebaut, was der (freigesprengte) Platz hergab: Hotels, Restaurants, Parkplätze, Kioske für allerlei Ramsch und Kitsch. Wirtschaftsgebäude, Liftstationen und was der Betrieb eines dem Zivilisationsmenschen gefälligen Unterhaltungsbetriebs sonst noch so erfordert. Landschaftsschonend ging dies nicht vonstatten, doch offenbar stört dies nur wenige Besucher.

Dennoch bietet sich das Joch als hochgelegener Ausgangspunkt an: Einerseits für Wanderer, die auf der Dreisprachen- und Rötlspitz leichtes und aussichtsreiches Gipfelglück ernten oder auf den Höhenwegen nach Trafoi zurück imposante Einblicke in die Westflanke des Ortlers genießen können. Andererseits für Hochtourengeher, die von hier aus Geister-, Tuckett- oder die Kristallspitzen in Angriff nehmen können – nur leider erst, nachdem man die Skipisten hinter sich gelassen hat.

Nachdem über das Stilfserjoch mehrmals eine Etappe des Giro d'Italia – die »Königsetappe« – führte, avancierte der Pass auch zum Mekka für Radfans: Auf Betreiben des Nationalparks wird die Südtiroler Rampe einmal jährlich für den motorisierten Verkehr gesperrt und gehört dann alleine den Radlern. Auf den 27 Kilometern und knapp 2000 Höhenmetern durchradelt man so sämtliche Klima- und Vegetationszonen, vom mediterranen bis zum arktischen Ambiente – dafür müsste man sonst gut 4000 Kilometer zurücklegen …

Exotische Namen an den einstmals abgelegensten Orten der Alpen: das Restaurant Tibet nahe der Passhöhe.

Das Murmeltier ist neben Gams und Steinbock zum Symbol für die alpine Fauna geworden.

Blick über die Düsseldorfer Hütte hinweg zur gewaltigen Ostwand des Ortlers. Dazwischen liegt das Suldental.

Nationalpark Stilfser Joch

Die Grundidee eines Nationalparks, ein landschaftlich herausragendes Gebiet durch staatlichen Schutz menschlichen Eingriffen zu entziehen, stammt ursprünglich aus den USA. In Europa fand sie erstmals durch König Vittorio Emanuelle Anwendung, als er die durch die Jagd im ganzen Alpenraum fast ausgerotteten Steinböcke in ihrem letzten Rückzugsgebiet am Gran Paradiso unter Schutz stellte.

Die internationale Anerkennung eines Nationalparks ist streng an Regeln gebunden; und so kämpft bis heute sogar der Nationalpark Hohe Tauern um die entsprechende Anerkennung, während sie der deutsche Nationalpark Berchtesgadener Alpen wegen Unklarheiten in der Verwaltung fast verloren hätte.

Von einer solchen Anerkennung kann der Nationalpark Stilfser Joch bis heute nur träumen, denn er ist einer der bizarrsten Nationalparks Europas. Nicht weil es keine schützenswerte Flora und Fauna gäbe, und auch die Landschaft darf ja wahrlich als großartig bezeichnet werden. Der Nationalpark Stilfser Joch war 1935 von Mussolini ohne Konsultation der betroffenen Bevölkerung gegründet worden und stieß allein schon deshalb auf heftige Ablehnung der Grundbesitzer, die ihre Grundrechte beeinträchtigt sahen. Die Erweiterung des Parks per Dekret des italienischen Präsidenten im Jahre 1977, bei der weitere Siedlungs- und vor allem auch Gewerbegebiete dem Nationalpark zugeschlagen wurden, entschärfte diese Situation natürlich nicht. Hierin liegt auch das im Vergleich zu anderen Nationalparks geradezu groteske Hauptproblem dieses Parks: Im vom menschlichen Eingriff besonders schützenswerten Natur- und Landschaftsraum liegen bis heute Steinbrüche, Kraftwerksanlagen samt zugehöriger Stollen, Leitungen und Stauseen, Seilbahnen, sonstige touristische Einrichtungen und vor allem auch die gesamte Stilfser-Joch-Straße mitsamt dem angegliederten Sommerskigebiet! Diese Situation ist mit der Idee eines Nationalparks nicht vereinbar. Immerhin bestehen Vorschriften, die eine weitere Expansion naturschädlicher Einrichtungen verhindern sollen. Erfreulich ist die engagierte Betreuung der Besucher durch geführte Wanderungen und Informationsangebote, wie z.B. im Nationalparkhaus »Natura Trafoi«. Zumindest damit werden die Standards anderer europäischer Nationalparks erreicht.

◁ Die renovierte Schaubachhütte ist durch ihre (seilbahnbedingt) leichte Erreichbarkeit ein beliebtes Ausflugsziel oberhalb Suldens.

▷ Alpine Gefahren der besonderen Art: Wem im Bereich der Schaubachhütte die von Reinhold Messner nach Sulden gebrachten Yaks entgegenkommen, der dürfte zumindest überrascht sein.

Hütten

Noch bevor in Sulden durch Kurat Eller und seine Schwestern die ersten Gästebetten entstanden, wurden einige hundert Höhenmeter oberhalb die ersten Hütten gebaut. Getreu der Vereinssatzung, im Alpenraum die notwendige Infrastruktur für Bergbegeisterte zu schaffen, entdeckte der Alpenverein auch die prestigeträchtige Ortlergruppe als Arbeitsgebiet. Der Mitbegründer des Deutschen Alpenvereins, Johann Stüdl, höchstselbst war es, der den Bau der nach Julius Payer benannten Hütte auf dem Tabarettakamm anregte und finanzierte. 1875 wurde die noch heute in atemberaubender Position stehende Hütte mit einem aufwändigen Fest eingeweiht. Sie war zu diesem Zeitpunkt die höchstgelegene Hütte des Deutschen und Österreichischen Alpenvereins – freilich allein schon deshalb, weil es noch recht wenige Hütten gab. Die Payerhütte diente schon damals als Stützpunkt für den leichtesten Anstieg auf den Ortler, obwohl dieser erst zehn Jahre vor dem Bau der Hütte gefunden worden war. Am schon früher begangenen Hintergrat war bereits anlässlich der ersten Besteigungen 1805 ein Unterstand errichtet worden, der bei der »Wiederentdeckung« des Grats im Jahr 1872 natürlich längst verfallen war.

Aus privaten Mitteln stiftete der russische Staatsrat Karl Bäckmann 1892 eine neue Hütte zur Erleichterung der Ortlerbesteigung über den Hintergrat. Sie stand einige hundert Meter entfernt von der heutigen Hintergrathütte am unteren Hintergratsee. Zunächst bescheiden ausgestattet, fand

Die Quinto-Alpini-Hütte auf der Südseite des Zebrù.

Das Bivacco Città di Cantù am Hochjoch, hinten rechts die Weißkugel.

sie schnell Zuspruch und musste bald vergrößert werden. Im Ersten Weltkrieg diente sie den Tirolern als willkommener Stützpunkt, worauf die Italiener das Gebäude mit Artillerie in Schutt und Asche legten. Nach dem Krieg eröffneten die Suldener Bergführer 1922 selbst die neue Hintergrathütte, nach zweijähriger Bauzeit. Diese steht nun etwas höher als die alte – unterhalb des Hintergratkopfes – und ist nicht nur der beste Stützpunkt für den Hintergrat, sondern auch für den Suldengrat der Königspitze. Bis heute ist sie im Besitz der Suldener Bergführer und somit keine Alpenvereinshütte, bietet also auch keine entsprechenden Ermäßigungen.

Die Wiener Gesellschaft »Wilde Banda« errichtete 1876 die Schaubachhütte, die schnell als günstigster Stützpunkt für die Besteigung der Königspitze über den Normalweg bekannt und beliebt wurde. Diesen Vorteil hat sie heute eingebüßt, da man über das inzwischen vom Steinschlag bedrohte Kreiljoch den Osthang der Königspitze nicht mehr erreicht. Mit der Hütte hatte sich die Wilde Banda allerdings etwas übernommen, 1887 mussten sie die Hütte dem Alpenverein zum Kauf anbieten. Die Sektion Hamburg des Deutschen Alpenvereins erhielt den Zuschlag. Ein Vorstandsmitglied dieser Sektion, Ferdinand Arning, engagierte sich bereits 1884 in Trafoi: Unmittelbar am Beginn des Pleißhorngrates sorgte er aus privaten Mitteln für den Bau einer kleinen Blockhütte. Auch diese Hütte, die heutige Berglhütte, ging nach dem Tod des Stifters in den Besitz der Sektion Hamburg über.

Im Zaytal errichtete die Sektion Düsseldorf des vereinigten Deutschen und Österreichischen Alpenvereins 1892 die Düsseldorfer Hütte, die sich bis heute großer Beliebtheit erfreut: Als Tagesziel von Wanderern ebenso wie als Ausgangspunkt für relativ leicht erreichbare Hochgipfel um die Hütte, zu denen auch die immerhin 3545 m hohe Vertainspitze gehört.

Das Engagement des Deutschen und Österreichischen Alpenvereins in den Ortleralpen wurde durch die Bestimmungen im Versailler Vertrag nach Ende des Ersten Weltkrieges jäh beendet: Sämtliche Südtiroler Hütten auf nun italienischem Boden gingen in den Besitz des Staates über. Dieser beauftragte wiederum den CAI (Club Alpino Italiano) mit der Führung der Hütten, wobei die Sektion Mailand mit Ausnahme der Berglhütte sämtliche ehemaligen Alpenvereinshütten übernahm, denn diese besaß ihrerseits bereits zu jener Zeit viele von ihr erbaute Hütten auf der Südseite (der lombardischen Seite) des Ortlerhauptkamms: Dort errichtete sie im Jahr 1884 mit der damaligen Capanna Milano ihre erste Hütte im Gebiet, heute als Rifugio Quinto-Alpini-Bertarelli bekannt; der Name kommt von einer Einheit der Alpini im Ersten Weltkrieg und wurde später erweitert um den Namen des 1984 abgestürzten italienischen Bergführers Bertarelli. Die Hütte ist der wichtigste Stützpunkt für Monte Zebrù, Thurwieserspitze und Trafoier Eiswand. War diese Hütte, bedingt durch die Höhe und schwere Erreichbarkeit, ursprünglich noch ein einfacher Unterstand, sah dies bei der 1888 erstmals eröffneten Capanna Cedeh schon anders aus: Ein stattlicher Steinbau im Talgrund unterhalb der Königspitze, die heutige Pizzinihütte (Rifugio Pizzini-Frattola). Ferner baute die Sektion Mailand 1922/23 auch die Casatihütte (Rifugio Gianni Casati e Alessandro Guasti) am Langenfernerjoch zwischen Königspitze und Cevedale.

Die Rechte der Sektion Mailand blieben auch nach der Überschreibung der Hütten vom italienischen Staats- zum Südtiroler Landesbesitz unverändert, denn man einigte sich, den »Status Quo« zumindest bis 2010 beizubehalten.

Die Hintergrathütte mit der grandiosen Kulisse der Königspitze.

Klassische Touren am Dreigestirn

Viele der einst grandiosen Hochtouren auf die Gipfel von Ortler, Zebrù und Königspitze sind durch das Abschmelzen des Eises heute leider nicht mehr zu empfehlen. Meist nur an wenigen Tagen im Jahr sind die Verhältnisse in der Nordwand der Königspitze, am Hochjoch- und Marltgrat des Ortlers oder für die Zebrù-Überschreitung günstig. Dennoch bietet der Ortler mit seinen Trabanten nach wie vor den Rahmen für »große Tage am Berg«!

Die folgenden Vorschläge beschränken sich zunächst auf die heute noch regelmäßig begangenen Routen. Auf allen Anstiegen ist mehr oder weniger Erfahrung in Eis und Fels notwendig. Dies umfasst nicht nur Kondition und technische Fertigkeiten wie Klettern und Gehen mit Steigeisen, sondern – ebenso wichtig – das Wissen um die richtige Absicherung sowie entsprechende Bergrettungsverfahren, beispielsweise im Falle eines Spaltensturzes! Die Bewertung der Schwierigkeiten entspricht den Richtlinien der UIAA, neben den Einzelschwierigkeiten in Fels und Eis ist eine Gesamtbewertung gemäß der sogenannten Westalpenskala angegeben. Weniger Routinierte mögen sich einem Bergführer anvertrauen.

Die Nordwände von Ortler und Königspitze sowie der Suldengrat verlangen heute mehr denn je den absolut souveränen Alpinisten, der nicht nur technisch sein Handwerk beherrscht, sondern vor allem auch in der Lage ist, bereits im Vorfeld zu erkennen, ob die Temperatur- und Eisverhältnisse eine Durchführung der Tour überhaupt zulassen! Nicht ganz so ernst sind die vorgeschlagenen Skitouren, die nur eine kleine Auswahl der Möglichkeiten darstellen. Die Einholung des Wetter- und Lawinenlageberichts vor der Tour gehört zur gewissenhaften Vorbereitung, die entsprechenden Adressen finden sich im Anhang.

Natürlich ist dieses Buch nicht dafür gedacht, es mit auf die Tour zu nehmen, die Vorschläge lassen sich jedoch bequem kopieren und das so gewonnene Blatt ist leichter als jeder Führer.

Ein Traumtag am Hintergrat. Links hinter der Königspitze, über den Wolken, die Zufallspitzen und der Cevedale.

Ortler – Normalweg

Anforderungen: WS+, II/A0, anspruchsvoller Normalweg, Gletscherhänge bis 35°, ca. 3½ Std.
Ausgangspunkt: Sulden, Parkplatz Langensteinlift bei St. Gertraud, 1844 m
Stützpunkt: Payerhütte 3029 m, Tel. 0473/613010, ca. 2¼ Std. (mit Liftbenutzung)

Der Ortler von Nordwesten, vom Tartscher Kopf.

Selbst der leichteste Anstieg auf den König der Ostalpen ist schwieriger als alle anderen Normalwege auf berühmte Ostalpengipfel wie Großglockner, Weißkugel, Wildspitze oder Piz Palü. Dies liegt an der Passage zwischen der Payerhütte und dem Beginn des Gletschers, wo entlang der inzwischen verblassenden Markierungen ab und zu ganz schön geklettert werden muss.

Höhepunkt ist in dieser Hinsicht das etwa 60 Meter hohe und annähernd senkrechte Tschierfeckwandl, das über einige Rinnen und Rippen überwunden werden muss. Zwar sind hier durchgehend Ketten und Eisenstifte angebracht, welche die frei mit III zu bewertende Kletterei auf II/A0 degradieren, doch ist die Überwindung einer so hohen und senkrechten Wand im Auf- und auch Abstieg für so manchen Hochtourengeher eine neue Erfahrung. Nicht anders sind die Staus an dieser Stelle zu erklären und so sollte jeder vorher prüfen, ob er einer solchen Stelle souverän gewachsen ist – denn zum Üben ist der Ortler ein schlechter »Klettergarten«.

Der Normalweg auf den Ortler beeindruckt auf jeden Fall mit spektakulären Abschnitten, wozu die Kletterei über den ganz schön schmalen First zum Gletscher ebenso zählt wie die »Wanderung« auf dem Oberen Ortlerferner selbst, vorbei an den riesigen Séracs, die über der Nordwand hängen.

Den Gipfel selbst erreicht man im Bewusstsein, auf einem wirklich bedeutenden Gipfel der Alpen zu stehen, verbunden mit einer der Gipfelhöhe entsprechenden Aussicht: Zunächst auf die nahen Berge der Umgebung: Vertain-, Königspitze und Zebrù, aber auch der einsame Gletscherkessel unter der Thurwieserspitze und der Trafoier Eiswand. Tief reicht der Blick hinab zur Stilfser-Joch-Straße und in den drei Kilometer tiefer gelegenen grünen Vinschgau!

In der Ferne grüßen die höheren Gipfel der Bernina, bis hin zu den Bergen der Zentralalpen, von der Silvretta über die Ötztaler bis hin zum – bei guter Sicht gerade so erkennbaren – Großglockner (Fernglas!).

Unumgänglicher Ausgangspunkt für den Ortler-Normalweg ist die Payerhütte, die schon mit Tagesgästen gut besucht ist. Dies ist kein Wunder, denn die Hütte liegt in über 3000 m

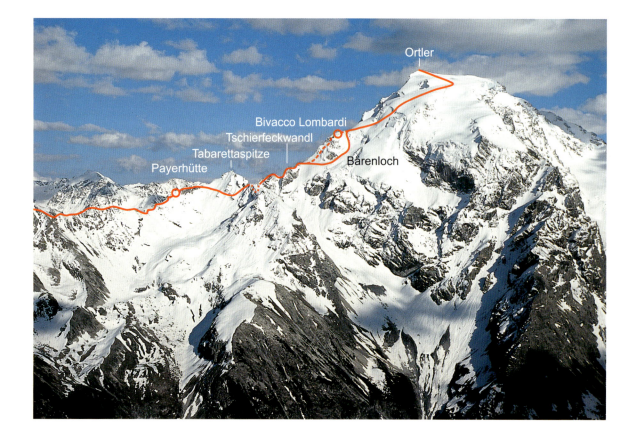

Höhe auf dem Tabarettakamm und bietet somit eine grandiose Rundumsicht.

Hüttenanstieg von Sulden: Mit dem Langensteinlift gelangt man hinauf zur K2-Hütte unterhalb der Schuttfelder des End-der-Welt-Ferners. Von der Bergstation wendet man sich nach Norden und erreicht über den bezeichneten Weg Nr. 10 das schuttgefüllte Kar des Marltferners. Dort mündet der bezeichnete Weg Nr. 4, der vom Liftparkplatz durch Nadelwälder herauführt (für jene, die den Ortler komplett auf eigenen Füßen ersteigen wollen).

Über einen grasigen Hang erreicht man die Tabarettahütte, willkommene Raststation im Angesicht der Nordwand und für längere Zeit der letzte Platz, an dem Gras zu sehen ist …

Hinter der Hütte quert der Weg Nr. 4 nun die weitläufigen Schutthänge, bevor er zuletzt in einigen Serpentinen auf die Grathöhe leitet. Jenseits des Grates geht es mit nur leichtem Höhengewinn wieder nach Süden, bevor man die nun schon sichtbare Payerhütte über einen steileren Steig erreicht.

Hüttenanstieg von Trafoi: Ausgangspunkt ist der kleine Schotterparkplatz bei den Heiligen Drei Brunnen am Ende des Trafoitals. Über die zwei Bäche hinüber zu den Heiligen Drei Brunnen und rechts hinter der Kapelle auf dem Steig Nr. 15 durch die Lärchenwälder hinauf zur Berglhütte, 1½ Std. Von der Hütte quert man auf dem Steig 18 die »Hohe Eisrinne« und gelangt so an die Ausläufer des Tabarettagrats, die man links aufwärts steigend umgeht. Der Steig führt schließlich zum verfallenen Edelweißbiwak, wo er auf den direkt von Trafoi heraufkommenden Weg 19 trifft. Auf diesem hinauf zur Payerhütte, 3½ Std.

Gipfelanstieg: Von der Payerhütte folgt man dem Steig südwärts in die Westflanke der Tabarettaspitze, in deren Westgrat man eine Scharte ansteuert. Aus dieser Scharte quert man auf gleicher Höhe zu einer weiteren Scharte in einer Rippe. Jenseitig klettert (II) man etwa 40 m ab zum oberen Rand der »Hohen Eisrinne« (heutzutage eine breite Schuttrinne), die steil nach Westen abfällt. Auf den Steigspuren erreicht man linkshaltend die ersten Felsen, die teilweise drahtseilgesichert erklettert werden. Auf dem so gewonnenen First geht es weiter auf und ab nach Süden, zuletzt etwa 30 m hinab in einen Sattel. Aus dem Sattel muss jenseitig das 60 m hohe Tschierfeckwandl erklettert werden. Stifte und Eisenketten erleichtern hier für Kräftige das Höherklimmen.

Auf dem nun wieder breiten und somit leichten Grat weiter bis in eine Scharte, nach der die Kletterei aber weitergeht: Rechts des Grates im plattigen Kalk hinauf (II) und schließlich auf der zunächst schmalen Schneide zum Beginn des Gletschers, 2 Std. Der steile Firnhang wird zunächst horizontal etwa 100 m nach Westen gequert, bis man nach links (Süden) ins Bärenloch hinaufsteigen kann. Das Bärenloch ist eine tiefe Mulde im Gletscher, deren Hänge in den letzten Jahren viel steiler und schwieriger geworden sind. Am linken Rand des Bärenlochs hinauf, bis man es nach links verlassen kann (35°, Eisschlaggefahr!) Man trifft oberhalb auf den Grat, wenige Meter oberhalb des Bivacco Lombardi.

Nun auf dem eindrucksvollen Gletscher einen Steilaufschwung (Spalten!) nach rechts hinauf (35°) und wieder flacher genau nach Süden gehen. An einer großen Eiswand auf 3800 m rechts vorbei in weitem Bogen auf das oberste Ortlerplatt. Der firnige Gipfelkamm wird meist südlich des Gipfels dort erreicht, wo er sich weniger über das Platt erhebt. Der direkte Anstieg zum Gipfel über die Nordflanke ist jedoch kürzer und im Vergleich zu dem bisher geleisteten nicht schwieriger.

Abstieg: Über den Aufstiegsweg

Die gewaltigen Sérацs über der Ortler-Nordwand, gesehen vom Normalweg über den Oberen Ortlerferner.

Ortler – Hintergrat

Anforderungen: ZS, III+/A0, langer, hochalpiner Grat mit ausgesetzten Passagen, ca. 5 Std.
Ausgangspunkt: Sulden, Parkplatz Langensteinlift bei St. Gertraud, 1844 m
Stützpunkt: Hintergrathütte, 2661 m, 1 Std. (mit Lift), Telefon 0473/613188

Ortler und Monte Zebrù, Südostansicht von der Schaubachhütte.

Der Ost- bzw. Hintergrat ist so stark frequentiert, dass man meinen könnte, er sei zum zweiten Normalweg auf den Ortler avanciert. Dies darf aber nicht über die deutlich höheren Anforderungen hinwegtäuschen, die dieser Anstieg im Vergleich zum auch nicht leichten Weg über die Payerhütte stellt! Denn der Hintergrat ist ab dem Signalkopf in entsprechend großer Höhe oft sehr ausgesetzt und wartet mit einigen gar nicht so leichten Problemen im Fels auf! Da diese Kletterstellen fast alle durch Haken und an einer Stelle auch durch eine Drahtschlinge entschärft sind, wird die Schwierigkeit des Hintergrats mit III angegeben – der Ansturm ist entsprechend. Ohne die Drahtschlinge wäre jedoch gerade die Wandstufe nach dem Signalkopf ein unterer Vierer und auch die weiter oben folgende Stelle oberhalb des steilen Firnhangs steht dem nicht viel nach. So bleibt dieser Grat erfahrenen Hochtouristen vorbehalten, die schon den ein oder anderen Grat begangen haben sollten.

Landschaftlich ist der Hintergrat die schönste Möglichkeit, auf den Ortlergipfel zu kommen! Zwar dämpft der sehr schuttreiche Zustieg den Gesamteindruck etwas, doch hat man es geschafft, bei Sonnenaufgang am Oberen Knott zu sein, hat sich die Tour hier schon gelohnt. Nach den spektakulären Gratpassagen zwischen Signalkopf und Gipfel ist das morgendliche Gestolper dann schon längst vergessen ...

Hüttenanstieg: Mit dem Lift schwebt man hinauf zur K2-Hütte unterhalb der Schuttfelder des End-der-Welt-Ferners. Von dieser Hütte quert man über die für den Skizirkus planierten Schotterfelder nach Süden und gewinnt erst danach auf dem mit Nr.3 markierten Morosiniweg etwas an Höhe. Der Hintergratkopf wird in seiner Ostflanke umgangen; so erreicht man dessen Südostgrat, hinter dem plötzlich in nur mehr 20 Meter Entfernung die Hintergrathütte auftaucht. Am kleinen Hintergratsee, mit Blick in die Nordwand der Königspitze, lässt sich gut ein ganzer Nachmittag faulenzend verbringen.

Gipfelanstieg: Von der Hintergrathütte steigt man noch vor dem Morgengrauen auf deutlichem Steig nach Westen zur nördlichen Ufermoräne des Suldenferners und auf dieser bis zu einem Felsbau, der vom Hintergrat herzieht und mit ihm ein steiles Kar einschließt. Langsamere Partien möge man möglichst auf dieser flachen Strecke überholen, im Folgenden wird es wesentlich schwieriger ...

Unmittelbar am Felsaufbau verlässt man die Moräne und steigt – mühsam! – in steilem Schutt durch das Kar an, bis es unterhalb einer Felsstufe endet. Die Felsstufe wird durch eine kurze Rinne und einen Kamin erstiegen (II) und ein Absatz erreicht. Von hier steigt man immer linkshaltend weiter hinauf, bevor man über einen ausgeprägten Grat auf den Oberen Knott (II) klettert (2½ Std.). Hier zieht man die Steigeisen an und folgt dem flachen und breiten Firngrat hinauf, bis er sich im Felsgrat verliert. Unschwierig auf diesem hinauf zu einem markanten Absatz (½ Std.). Gerät man auf den ausgesetzten, horizontalen First, hat man den Absatz verpasst – in diesem Fall etwa 30 m zurück!

Vom Absatz nach links einer Rinne folgend 15 m hinab und auf dem Band weiter horizontal zurück auf den Grat, den man hinter einem senkrechten Felsturm (Signalkopf) wieder betritt. Zwanzig Meter dem Grat folgend gelangt man zu einer Stufe, die in einem nach links abdrängenden Riss erklettert wird (III+, 5 m). Obwohl zwei Haken im Riss selbst stecken, lässt sie sich nur schwer absichern und zumindest der Vorsteiger muss diese Stelle souverän klettern können!

Oberhalb klettert es sich wieder leichter über zwei weitere Stufen (III) auf einen horizontalen Kamm, auf dem man den Beginn des ersten Firnhanges erreicht. Über diesen (40°) bis unter eine 50 m hohe Felsstufe, die direkt erklettert wird. Zunächst III und gutgriffig, sind die letzten fünf Meter leicht überhängend und stehen der Schlüsselstelle weiter unten nur wenig nach (III+, H). Auf dem Felsgrat wenige Meter weiter zu einem Firngrat, dem man zu einem weiteren Felsaufschwung folgt (20 m, II). Auf dem ausgesetzten Grat weiter über einige kleine Zacken zu einer Rinne, die zum Gipfel führt (100 m, I), 2 Stunden vom Signalkopf.

Abstieg: Vom Gipfel folgt man dem Firngrat einige Meter nach Süden, bis man ihn leicht nach Westen verlassen kann. Über das oberste Ortlerplatt zunächst nach Westen und erst nach zehn Minuten nach Norden einschwenken, um den obersten Eisbruch zu umgehen. Erst ab hier steigt man nordwärts hinab bis zu einem steilen Hang und über diesen nach rechts zum östlichen Rand des Ortlerferners hinab (35°, Spalten!). Am Grat wieder flach weiter hinab zum Bivacco Lombardi auf dem Tschierfeck. Von hier nach links ins Bärenloch hinab und sobald möglich aus diesem nach rechts hinausquerend zum Grat zurück. Auf dem Felsgrat nun anfangs leicht, bald ausgesetzt und schwierig (II) in eine Scharte und am nun leichten und breiten Grat bis zum Abbruch des Tschierfeckwandl. An den Eisenketten 60 m hinab in einen Sattel (III-), bei entgegenkommenden Bergsteigern nicht abseilen, Steinschlaggefahr! Aus dem Sattel zwanzig Meter jenseits hinauf und auf dem First nach Norden den Steigspuren folgend bis an den oberen Rand einer breiten Rinne, die nach Westen abfällt. Diese Rinne oben queren und nun nicht am Grat, sondern leicht ansteigend in seiner Westflanke weiter bis unter eine Scharte, die erstiegen wird (II). Aus der Scharte horizontal weiter zu einer weiteren Einschartung und von hier auf gutem Steig zur sichtbaren Payerhütte. Der letzte Hang ist im frühen Sommer ein steiler Firnhang, hier gibt es immer wieder Unfälle!

Von der Payerhütte dann über die markierten Wege nach Trafoi (Nr. 19) oder nach Sulden (Nr. 4) hinab.

Die Schlüsselstelle am Hintergrat, der abdrängende Riss nach dem Signalkopf.

Ortler – Nordwand

Anforderungen: S, 60°-80°, schwierige klassische Eiswand, die höchste der Ostalpen, ca. 5 bis 7 Std.
Ausgangspunkt: Sulden, Parkplatz Langensteinlift bei St. Gertraud, 1844 m
Stützpunkt: Tabarettahütte, 2556 m, Telefon 0473/613187, ca. 2 Std.

Seiner Nordwand verdankt der Ortler einen Teil seiner Berühmtheit. Der 1200 m hohe Eisschlauch galt zur Zeit der Erstbegehung als die schwierigste Eiswand der Ostalpen, durchaus vergleichbar mit so manchen klassischen Westalpentouren. Damals sperrte ein Hängegletscher wie ein riesiger Korken die obere Engstelle, die heute noch Flaschenhals heißt. Der Hängegletscher war mit der damaligen Ausrüstung unüberwindbar und so zwang er die Begeher in eine enge, oftmals 90° erreichende Rinne, die sich zwischen dem Hängegletscher und dem Fels zur Rechten befand. Der Hängegletscher ist heute vollständig abgeschmolzen und nur einige bis 80° erreichende Aufschwünge lassen erahnen, welche Séracs hier einst gehangen haben. Die Ortler-Nordwand ist somit eine der Touren, die durch den Gletscherrückgang heute deutlich leichter und – relativ gesehen – auch sicherer geworden sind! Wie sich das weitere Abschmelzen des Eises in der Zukunft auswirken wird, wird man abwarten müssen. Zur Zeit jedenfalls ist die Ortler-Nordwand zu einem Klassiker der ostalpinen Eisrouten avanciert. Sie verzeichnet heute pro Jahr gut 100 Begehungen. Die beste Zeit ist das Frühjahr, etwa von März bis Juni. Im Hochwinter ist das Eis oft noch blank und sehr hart, nach dem Juni wieder blank und schmutzig – bei unvertretbarer Steinschlaggefahr im unteren Wanddrittel.

Das Problem der letzten Jahre war, dass es auch im Frühjahr nur mehr selten Tage mit einer Nullgradgrenze unterhalb von 3200 m gibt, und diese Bedingung ist für die Begehung der Ortler-Nordwand unbedingt notwendig. Man gerät sonst in den Steinschlag vom Rothböckgrat, erst oberhalb des Flaschenhalses ist man vor Steinschlag sicher. Man sollte diesen somit auch bei Sonnenaufgang erreicht haben. Gefahr droht bisweilen auch von einigen Eistürmen des Oberen Ortlerferners, die oft bedrohlich über der Wand hängen.
Idealer Stützpunkt ist die Tabarettahütte, die aber erst ab Mitte Juni geöffnet ist. Früher im Jahr muss man biwakieren oder von Sulden aufbrechen, wobei dann allerdings 2100 Höhenmeter am Stück zu überwinden sind.
Hüttenanstieg: Wie beim Ortler-Normalweg beschrieben von Sulden Richtung Payerhütte. Man erreicht so die Tabarettahütte (oder ggf. direkt den Marltferner). Von der Tabarettahütte überblickt man die ganze Wand. Ist man also früh genug an der Hütte, lassen sich mit einem Fernglas die Verhältnisse gut studieren.
Gipfelanstieg: Von der Hütte den Rücken, der zum Tschierfeck hinaufführt, wenige Meter hinauf und sobald es geht, jenseits Richtung Marltferner queren. Etwas Höhenverlust kann man dabei in Kauf nehmen, da die Flanke oben sehr steil und durch den splittrigen Schotter schwierig zu

◁ *Bei idealen Verhältnissen herrscht in der Ortler-Nordwand heute Hochbetrieb.*

▷ *Tiefblick aus dem oberen Wandteil.*

▽ *Die Ortler-Nordwand vom Weg zur Payerhütte.*

queren ist. Man erreicht so den Marltferner, der im unteren Teil stark mit Schutt bedeckt, oben aber mehr ein großer Lawinenkegel mit ein paar Schründen ist. Über den steiler werdenden Gletscher hinauf bis zur ersten Engstelle (1 Std.).

An der untersten Engstelle der Nordwand gilt es recht schnell zu klettern, denn sämtliche Steine und Eisbrocken sammeln sich hier in der engen Rinne. Ab hier über etwa 50° steiles Eis hinauf in das breiter werdende mittlere Wanddrittel, wo man in gleichmäßiger Neigung links einer eingeschnittenen Lawinenrinne ansteigt. Dieses mittlere Wanddrittel bis zur oberen Engstelle sollte man möglichst schnell hinter sich bringen, Stein- und Eisschlaggefahr sind hier am größten.

Ab der oberen Engstelle steilt die Wand deutlich auf: 60-65° an der Engstelle selbst, danach wieder etwas flacher. Der weitere Routenverlauf muss von den jeweiligen Sérac-Resten abhängig gemacht werden, die sich zur Zeit stark verändern! Im Normalfall steigt man den geringsten Widerstand suchend ziemlich gerade hinauf, mehrmals muss man mit Stellen von 70-80° rechnen. Wählt man den direkten Aufstieg, so steigt man auf die Firnschneide des Marltgrates aus, welche immer noch recht steil zum Oberen Ortlerplatt hinaufleitet. Über dieses erreicht man direkt den Gipfel, man muss nicht vorher zum Normalweg hinüberqueren.

Eine immer noch interessante, aber etwas schwierigere Alternative zum direkten Ausstieg ist nach wie vor die Ertlrinne am äußerst rechten Rand der Eiswand: Auch hier erreicht man an den nach wie vor vorhandenen Wülsten Stellen mit 80° Neigung, die Ertlrinne führt direkt zum Ortlerplatt hinauf, ohne den Marltgrat zu berühren.

Abstieg: Über den Normalweg zur Payerhütte. Siehe Beschreibung beim Hintergrat.

101

Monte Zebrù – Normalweg

Anforderungen: WS-, I, bis 25° klassische Hochtour moderater Schwierigkeit, ca. 3 Std.
Ausgangspunkt: Valfurva St. Antonio, 1696 m, bzw. Bàita del Pastore 2168 m (Taltaxi)
Stützpunkt: Rifugio V°-Alpini-Bertarelli, 2878 m, Telefon 0342 / 90159, ca. 1½ Std. ab B. d. Pastore

▼ *Der Monte Zebrù vom Ortler-Hochjochgrat.*

▸ *Am Firngrat zum Gipfel des Monte Zebrù.*

Zwischen den beiden berühmten Nachbarn Ortler und Königspitze führt der Zebrù ein Aschenbrödeldasein. Dies mag nicht nur daran liegen, dass er von den drei Gipfeln die geringste Höhe aufweist, sondern auch daran, dass er von Sulden fast unzugänglich ist: Ein Aufstieg von dieser Seite ist selbst für gute Bergsteiger der objektiven Gefahren wegen nur selten möglich.

Ganz anders sieht dies im Süden aus, denn der dort verlaufende Normalweg auf den Zebrù ist der leichteste aller Gipfelanstiege am Dreigestirn. Der Zebrù beeindruckt zudem mit informativen, weil ansonsten unbekannten Einblicken in die Südseite des Ortlers und einer spektakulären Sicht in die Nordwand der Königspitze.

Der Zugang zum Rifugio V°-Alpini-Bertarelli, dem Ausgangspunkt für die Besteigung des Zebrù, ist leider etwas umständlich, zumal für Bergfreunde, die von Norden anreisen. Somit lohnt vielleicht auch ein längerer Aufenthalt auf dieser Hütte, von der auch die Thurwieserspitze oder die Trafoier Eiswand bestiegen werden können.

Hüttenanstieg: Von Valfurva geht es zu Fuß (1¾ Std.) oder mit den etwa halbstündlich fahrenden Taltaxis sieben Kilometer ins Tal hinein bis Bàita del Pastore. Es empfiehlt sich auch, das Auto

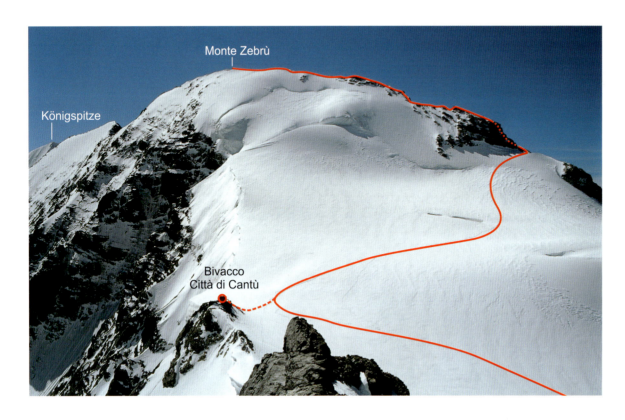

in Bormio zurückzulassen und mit dem Bus nach Valfurva zu fahren, da es im Ort selbst nur wenig Parkplätze gibt und sich die Einheimischen sowieso schon wie die Anwohner eines Stadions fühlen dürften ...

Von Bàita del Pastore folgt man schließlich dem Weg Nr. 29 durch den in der Mittagssonne gnadenlosen Südhang hinauf zur 700 Höhenmeter weiter oben gelegenen Hütte V° Alpini-Bertarelli.

Anstieg: Von der Hütte folgt man den Steigspuren zum Beginn des Gletschers, den man bereits nach 15 Minuten ohne lästiges Moränengestolper erreicht. Zunächst gilt es, den südlichen, von der Königspitze kommenden Gletscherarm zu queren. Es lohnt sich hier nicht, allzu viel Höhe zu machen, man verliert sie beim Überschreiten der Mittelmoräne wieder. Man erreicht so den Nordwestarm des Zebrùferners, der im Mittelteil recht zerklüftet ist. Der Spaltenzone kann man meist im Aufstiegssinne rechts ein Schnippchen schlagen, oben legt sich das Eis dann etwas zurück. Den Ortlerpass links liegen lassend erreicht man das Hochjoch im weiten Rechtsbogen ohne weitere Schwierigkeiten. Um die Gipfelflanke zur Rechten zu erreichen, muss das Hochjoch mit der roten Biwakschachtel nicht betreten werden, doch bietet es sich als aussichtsreicher Rastplatz geradezu an.

Vom Hochjoch quert man die Nordwestflanke des Monte Zebrù rechts hinauf zu einer markanten Schulter im Grat. Der erste Aufschwung lässt sich vorteilhaft leicht rechts umgehen, bevor man ausnahmslos der Gratschneide mit einigen kleinen Felsstufen (I) folgt. Erst auf den letzten hundert Metern befindet man sich auf einem idealen Firngrat, über den man aussichtsreich den Gipfel erreicht.

Abstieg: Auf den Aufstiegsweg.

Auf der felsigen Gratschneide des Monte Zebrù, in der Bildmitte der Große Eiskogel.

Königspitze – Normalweg

Anforderungen: WS+, II, bis 40°, schwieriger Normalweg mit langen steilen Passagen im Eis, ca. 4½ Std.
Ausgangspunkt: Sulden, Madritschbahn, 1905 m
Stützpunkt: Casatihütte, 3254 m
Telefon 0342 / 935507, ca 2½ Std. ab Seilbahn

Die Königspitze von Südosten, vom Aufstieg zum Palòn de la Mare.

Für den meist von Norden anreisenden deutschsprachigen Anwärter auf die Königspitze hat der Berg den architektonischen Nachteil, dass der leichteste Anstieg von Süden auf den Gipfel führt. Nun, anders wäre die spektakuläre Nordansicht nicht möglich und so muss man, um beides genießen zu können, einen kleinen Umweg über die Casatihütte in Kauf nehmen.

Der Anstieg auf die Königspitze selbst ist nur Alpinisten zu empfehlen, die gehörige Erfahrung in der Handhabung von Steigeisen haben, denn der leichteste (!) Weg auf die Königspitze führt zum Schluss über einen 400 Meter hohen Eishang, der bis zu 40° Neigung erreicht! Ein Stolperer kann hier üble Folgen haben, die sich noch potenzieren, wenn man hier gleichzeitig mit seinen Gefährten am Seil geht …

Starken Skifahrern sei der Gipfel im April und Mai sehr zu empfehlen, denn da sind die Bedingungen auch am besten! Der Sommeralpinist trifft diese meist ab etwa Ende Juni an, mit voranschreitendem Sommer apert der Gipfelhang dann zunehmend aus und stellt bei Blankeis erhöhte Anforderungen – auch psychologischer Art!

Hüttenanstieg: Mit der Seilbahn oder auf der uninteressanten, parallel verlaufenden Werksstraße gelangt man hinauf zur Schaubachhütte. Nun von der Bergstation der Seilbahn oder der wenig unterhalb gelegenen Schaubachhütte auf dem markierten Steig 171 südwärts zum Suldenferner. Über den etagenweise aufgebauten Gletscherarm auf die Suldenspitze zu. Ab 3000 m nähert man sich dem linksseitigen Grat immer mehr an und betritt ihn auf etwa 3260 m. Jenseits quert man die Ostflanke der Suldenspitze auf fast gleicher Höhe und erreicht so in einer weiteren halben Stunde die Casatihütte.

Gipfelanstieg: Von der Casatihütte auf einem Steiglein die Westflanke des Langenferner Jochs hinab bis auf etwa 2970 m. Hier verlässt man den Steig und folgt den Trittspuren leicht aufsteigend nach Nordwesten auf die Königspitze zu. Auf knapp 3000 m betritt man den Vedretta del Gran Zebrù und steigt über zwei Firnstufen unter die markante Firnrinne, die zur Schulter rechts des Gipfelaufbaus der Königspitze führt (der Grat zur Rechten wird nie betreten!). Durch die Firnrinne (45°) hinauf auf die Schulter, 2 Std. von der Casatihütte. Die Rinne ist nur bei Firnbedeckung emp-

Königspitze (links) und Ortler (Mitte) vom Weg zum Monte Cevedale, im Vordergrund die Casatihütte und rechts davon die leicht zu erreichende Suldenspitze.

fehlenswert, die Tour deshalb am besten bis Ende Juli zu begehen (bei Ausaperung sehr mühsam und erhebliche Steinschlaggefahr!).

Aus der Schulter den bald steil werdenden Hang (bis 40°) gerade hinauf bis zur Verflachung unterhalb des Gipfelaufbau (1 Std.). Aus der Verflachung nach rechts auf den Grat und über ihn unschwierig, jedoch ausgesetzt und steil zum Gipfel. Oftmals führt die Spur direkt unter den Gipfelaufbau und überwindet ihn durch eine Rinne rechts des Gipfels (II, ungünstig, schlecht abzusichern und gefährlich!).

Abstieg: Über den Aufstiegsweg zurück. Beim Abstieg über den steilen Osthang der Königspitze ist perfektes Gehen mit Steigeisen gefordert, Stürze enden meistens auf dem Suldenferner! Beim 400 Hm messenden Gegenanstieg zur Casatihütte in brütender Mittagssonne mag man sich daran erinnern, dass man ja zur Schaubachhütte die Seilbahn genutzt hat und sich der Berg ungern betrügen lässt …

Königspitze – Langer Suldengrat

Anforderungen: S-, IV, bis 55°, klassischer Grat gehobenen Niveaus, 5 bis 6 Std.
Ausgangspunkt: Sulden, Parkplatz Langensteinlift bei St. Gertraud, 1844 m
Stützpunkt: Hintergrathütte, 2661 m, Telefon 0473 / 613188, ca. 1 Std. (mit Liftbenutzung)

Die Königspitze von Nordosten, von der Schaubachhütte aus gesehen.

Der Westgrat der Königspitze ist der einzige große, ausgeprägte Grat dieses Berges, wobei er sich einige hundert Meter westlich des Gipfels teilt: In den Kurzen und den Langen Suldengrat.

Der steil zum Suldenjoch abstürzende »Kurze Suldengrat« war früher ein öfters begangener Anstieg vom Rifugio V°-Alpini-Bertarelli. Leider ist auch hier nach dem Rückgang des Permafrosts das Gestein sehr brüchig geworden, was bei Schwierigkeiten bis zum IV. Grad zu einem erheblichen Sicherheitsproblem wird.

Besser sieht es noch am »Langen Suldengrat« – auch Mitschergrat genannt – aus, der vom Suldenferner zum Vereinigungspunkt der beiden Grate bei P. 3752 m hinaufzieht.

Bei guten Verhältnissen ist dieser Grat die großartigste Tour, die man an den drei Hauptgipfeln der Ortlergruppe genießen kann: Anspruchsvolle Kletterstellen in noch passablem Fels, schneidige Passagen im Eis und vor allem ein Ambiente, das an westalpine Anstiege mühelos heranreicht: Zur Linken die Nordwand der Königspitze, rechts die Südabstürze des Zebrù und im Rücken die riesige »Burg« des Ortlers. Und der Gang auf den letzten Metern zum Gipfel der Königspitze erfüllt einen schließlich mit tiefer Befriedigung über den Rang des bestiegenen Berges.

Entscheidend sind am Suldengrat die Verhältnisse: Der Aufschwung zum P. 3752 m muss unbedingt noch verfirnt sein. Ist diese Passage ausgeapert, müsste man sich in einem 50° steilen Schotterhang hinaufwühlen.

Hüttenanstieg: Siehe Ortler-Hintergrat.
Gipfelanstieg: Dem Pfad Richtung Hintergrat folgt man bis zur Moräne des Suldenferners, die wenig später an geeigneter Stelle verlassen wird (Wegspuren, am Vortag erkunden!). Auf den schuttbedeckten Gletscher hinab und auf ihm den Verhältnissen entsprechend in Richtung Königspitze queren.

Rechts des Gletscherbruchs, der aus dem Kessel unter der Nordwand herunterfließt, bildet ein massiger Felsbau den Sockel des Suldengrats. Er wird von unten rechts nach oben links von einer markanten Rampe durchzogen. Diese vermittelt den Durchstieg. Über den Gletscher zum Beginn der Rampe, 1½ Std.

Im Frühsommer ist die Rampe firnbedeckt und bis 45° steil, bei Ausaperung einige Stellen II, etwas brüchig. Man erreicht eine Schulter, von hier aus über eine kurze Platte (III) den Einstieg zu einem Kamin, 1 Std. Durch den Kamin hinauf (20 m, IV), und oberhalb links hinaus. In leichterem Gelände quert man nun nach links, bis man gerade nach oben auf die Grathöhe aufsteigen kann (II). Man erreicht den Grat am »Mitscherkopf«, der Verflachung zwischen dem Aufschwung zum Vorgipfel und dem Abbruch zum Suldenferner, ¾ Std. Von hier aus lässt sich die Tour notfalls mittels Querung zum Suldenjoch und jenseitigem Abstieg ins Val Zebrù abbrechen.

Zum Gipfel folgt man dem flachen, breiten Grat hinauf. Er wird immer steiler und mündet in eine Firnflanke, die bis zum Vorgipfel (P. 3752 m) erstiegen wird (bis 55°, bei Ausaperung heikler brüchiger Fels!) 1½ Std.

Vom Vorgipfel über den ausgeprägten Grat weiter. Sämtliche Türme werden dabei je nach Schneelage überklettert (III und IV-), das Umgehen auf der Südseite ist nur wenig leichter, aber heikel. Vorsicht auf Wechten! Man erreicht nach 1½ Stunden den breiteren, verfirnten Gratabschnitt, der in einer halben Stunde zum Gipfel leitet.

Abstieg: Vom Gipfel am Ostgrat etwa 70 Meter hinab, bis man ihn steil nach rechts verlassen kann und in eine Mulde unter dem Gipfelaufbau absteigt. Über den folgenden Firn/Eishang wieder steiler (bis 40°!) hinab auf die Schulter unterhalb des riesigen Hanges.

Von hier kann bei kühlen Temperaturen, geringer Ausaperung und guter Sicht – und nur dann! – ein Direktabstieg zur Schaubachhütte gewagt werden: Von der Schulter dem Grat weiter abwärts folgen (II) bis ins Königsjoch, und aus diesem nach Norden abseilen und abklettern (II). Man erreicht die obersten Hänge des Suldenferners, von hier den Spaltenzonen ausweichend mehr oder weniger gerade hinab zur schon von weitem sichtbaren Schaubachhütte. Ab hier mit Seilbahn oder weiter zu Fuß hinab nach Sulden. Dieser Abstieg

Die Königspitze vom Suldenjoch, links im Profil der lange Suldengrat, rechts in Draufsicht der kurze Suldengrat.

über das Königsjoch ist nur bei sicheren Verhältnissen zu empfehlen, ansonsten erhebliche Steinschlaggefahr!

Sicherer ist der Normalweg: aus dem Königsjoch nach Süden hinab auf den Vedretta del Gran Zebrù (II), weiter hinab Richtung Osten bis zum Weg, der von der Pizzinihütte zur Casatihütte hinaufführt. Zur Casatihütte sind dann noch 400 Hm Gegenanstieg zu bewältigen.

Von der Casatihütte östlich an der Suldenspitze vorbei in die erste Scharte nördlich der Suldenspitze und jenseits auf dem Suldenferner zur Schaubachhütte hinab. Von hier mit der Seilbahn oder zu Fuß auf der Werksstraße nach Sulden.

Königspitze – Nordwand

Anforderungen: S+, IV, bis 60°, große, kombinierte Eiswand, stark von den Verhältnissen abhängig, ca. 5 bis 6 Std.
Ausgangspunkt: Sulden, Parkplatz Langensteinlift bei St. Gertraud, 1844 m
Stützpunkt: Hintergrathütte, 2661 m
Telefon 0473 / 613188,
ca. 1 Std. (mit Liftbenutzung)

Die Nordwand der Königspitze von der Schaubachhütte aus gesehen.

Heute sind die Verhältnisse leider gerade in dieser Wand, die durch ihre Erscheinung wirklich die Königin unter den Eiswänden der Ostalpen war, meist schlecht: In der Rinne findet sich schon längst kein Eis mehr, nur selten griffiger Schnee. Der Fels ist der typische, brüchige Ortlerkalk, schlecht zu klettern und noch schlechter abzusichern … Man muss also gegebenenfalls lange warten, bis man diese Wand bei guten Verhältnissen klettern kann, und nur dann sollte man einsteigen! Unabdingbar ist auch eine Nullgradgrenze bei höchstens 3000 m, sonst fliegen einem besonders in der Rinne die Steine um die Ohren.

Den nächtlichen Zustieg kann man durch ein Biwak unterhalb des Kamins im Vorbau deutlich abkürzen, man steigt von hier nur noch eine knappe Stunde bis zum Bergschrund. Der Biwakplatz befindet sich etwas rechts des Kamins in einer kleinen, mit Kies »gepolsterten« Höhle.
Hüttenanstieg: Siehe Ortler-Hintergrat.
Gipfelanstieg: Wie beim Suldengrat bis über den 20-Meter-Kamin. Sobald es möglich ist, steigt man nach dem Kamin links auf den Königswandferner ab und steigt meist rechtshaltend, je nach Spaltenverhältnissen, durch den oft stark zerklüfteten Kessel zum Einstieg, 1 Std. vom Biwakplatz, 3-4 Std. von der Hintergrathütte. Der Einstieg befindet sich in Gipfelfalllinie direkt am Fuß der markanten Rinne. Über den oft schwierigen Bergschrund hinauf in die Rinne. Nun rechts des Einschnitts hinauf, bei guten Verhältnissen in griffigem Firn (bis 55°), ansonsten in leider brüchigem und mit Vorsicht zu genießendem Fels (III+). Man erreicht nach knapp 200 Metern ein Band, das nach rechts zu einer Rippe führt. Auf diese Rippe hinauf (fast immer im Fels, IV und sehr heikel, wenn vereist) und auf ihr je nach Vereisung der Wand mehr oder weniger weit hinauf (III+), bis sich die Rippe unter dem Gipfeleisfeld verliert. Durch das Eisfeld hinauf (bis 60°), bei Firn oft durch tiefe Lawinenrinnen zerfurcht. Nach dem Abbruch der Gipfelwechte am Pfingstmontag 2001 ist der Direktausstieg zum Gipfel heute meist möglich, 3-6 Std. vom Einstieg.
Bei zu starker Wechtenbildung nach links ausweichen und hinauf auf den obersten Ostgrat und über ihn zum Gipfel.
Abstieg: Siehe Suldengrat.

▸ *Erstes Licht an der Königspitze.*

Skitouren

Der Ortler selbst und auch der Monte Zebrù sind keine klassischen Skigipfel. Keiner der Wege zum Ortlergipfel ist mit Ski zu begehen, der Normalweg auf den Zebrù ist im Winter durch das lange Zebrùtal arg lang.

Einzig die Königspitze wird im Frühjahr häufig mit Ski bestiegen, was aber nur guten Skifahren angeraten werden darf: Der 400 Meter hohe, 40° steile Gipfelhang fordert ebenso perfekte Skitechnik wie die schmale Rinne unterhalb.

Abfahrt über die Normalwegflanke der Königspitze.

In der Umgebung des Dreigestirns sieht es da schon besser aus: Der Monte Cevedale gilt als höchster Skigipfel der Ostalpen und ist als solcher nur Teil eines riesigen Skitourenreviers um das Martelltal.

Landschaftlich beeindruckend sind die Skitouren im Trafoier Tal, das während der Wintersperre der Stilfser-Joch-Straße trotz eines kleinen Skigebiets um die Furkelhütte fast einen winterlichen Dornröschenschlaf hält.

Monte Cevedale, 3769 m

Beste Zeit: Februar – Mai
Exposotion: Nordwest
Lawinengefahr: selten gefährdet, Variante über Suldenspitze nur bei Gefahrenstufe 2 oder geringer
Ausgangspunkt: Sulden, Parkpl. Suldenbahn, 1905 m
Stützpunkt: Casatihütte, 3254 m,
Telefon 0342/935507

Um die Schaubachhütte sind einige schöne Skigipfel wie die Hintere Schöntaufspitze durch den Liftbetrieb etwas entwertet worden, und so tut man gut, sich gleich nach Süden zu wenden und die von Liften noch unberührten Gipfel anzugehen.

Beim Aufstieg zur Casatihütte quert man zunächst von der Bergstation der Seilbahn hinüber zum Suldenferner und steigt Richtung Suldenspitze hinauf. Ihren Nordgrat erreicht man auf etwa 3260 m, wo der Übergang auf den östlich gelegenen Langenferner problemlos möglich ist. Am Osthang der Suldenspitze entlang zur Casatihütte, 2½ Std.

Von der Hütte südostwärts auf den unschwierigen Gletscherhängen Richtung Cevedale ansteigen. Die Hänge werden zum Gipfelaufbau hin steiler (bis 30°), meist macht man kurz unterhalb des kleinen Bergschrunds Skidepot und steigt zu Fuß die letzten Meter zum Gipfel, 2 Std.

Die Abfahrt folgt bis zur Casatihütte dem Anstiegsweg, ab der Hütte bietet sich folgende Variante an: Über den Südhang in 20 Minuten auf die Suldenspitze und über ihre kurze, aber steile Nordflanke (bis 40°) auf den Suldenferner hinab und über ihn zurück zur Schaubachhütte.

Vom Cevedale kann auch über den Fürkeleferner ins Martelltal abgefahren werden. Die hier liegenden Stützpunkte Zufall- und Marteller Hütte erschließen ein grandioses Skitourenrevier.

Tartscherkopf, 2952 m

Beste Zeit: Januar – April
Exposition: Nordost
Lawinengefahr: Nur bei Gefahrenstufen bis maximal 2
Ausgangspunkt: Trafoi, Sessellift
Stützpunkt: Furkelhütte, 2153 m
Telefon 0473/611577

Von der inmitten eines kleinen Skigebiets liegenden Furkelhütte lässt sich innerhalb von zwei Stunden der Tartscherkopf erreichen, der mit einer eindrucksvollen Aussicht auf den Talschluss von Trafoi ebenso aufwarten kann wie mit einer nordseitigen Traumabfahrt, oft in bestem Pulver. Von der Hütte auf der Piste nach Westen hinab. Dort, wo die Piste nach links abbiegt, verlässt man sie nach rechts (S) und quert durch den Wald hinauf ins Furkeltal. Im Talgrund hinauf bis unter den NO-Hang des Gipfels und bei sicheren Verhältnissen über ihn, ansonsten links auf dem Grat zum Gipfel. Die Abfahrt folgt dem Aufstiegsweg.

Blick von der Südlichen Zufallspitze zum Monte Cevedale, am Horizont links die Punta San Matteo in der südlichen Ortlergruppe.

Wanderungen

Die hoch gelegene Payerhütte, beliebtes Tagesziel auch für Wanderer ohne Gipfelambitionen.

Lichtreflexe im Trafoibach.

Auch jenen Bergfreunden, denen die Gipfel von Ortler, Zebrù und Königspitze nicht zugänglich sind, bietet die Ortlergruppe vielfältige Möglichkeiten in einer Kulisse, die an Westalpendimensionen heranreicht. So die Hüttenanstiege zu Payer-, Tabaretta- und Hintergrathütte, die bei den Hochtouren beschrieben sind und sich auch als Wanderungen eignen. Man kommt so den Bergriesen so nah wie möglich.

Die schönsten Aussichten bieten naturgegeben die gegenüberliegenden Hänge. Einmal die Hänge westlich über dem Trafoital, wo der Sessellift sowie die Stilfser-Joch-Straße ideale Zugangsmöglichkeiten bieten.

Die andere hier vorgeschlagene Tour führt vom Zaytal ins Rosimtal östlich über Sulden.

Zaytal – Rosimtal

Sulden, 1857 m – Düsseldorfer Hütte, 2727 m (2½ Std.) – Kanzel, 2350 m (3½ Std.) – Rosimboden, 2500 m (4½ Std.) – Gampenhöfe, 1900 m (6 Std.)

Die vorgeschlagene Wanderung lässt sich durch die Benützung des Kanzellifts verkürzen oder teilen.

Von der großen Mehrzweckhalle Suldens führt der markierte Weg Nr. 5 entlang des Bachs zunächst durch die Nadelwälder hinauf in den Talgrund. Über Wiesen erreicht man schließlich eine Stufe im Tal, über die der Steig zur Düsseldorfer Hütte führt, die aussichtsreich an mehreren kleinen Bergseen liegt.

Von der Hütte folgt man nur kurz dem Weg, den man heraufgekommen ist, und wandert dann über den bezeichneten Weg Nr. 12 hinüber zur Kanzel. Von hier mit dem Sessellift nach Sulden, oder aber weiter ins Rosimtal: Man folgt dem Weg Nr. 12 eine halbe Stunde weiter nach Süden bis zu einer Wegkreuzung und ab hier dem Weg Nr. 13 bzw. später Nr. 11 beliebig weit hinauf ins Rosimtal. Beim Abstieg empfiehlt es sich, dem Weg Nr. 11 bis ins Tal zu folgen, er mündet nahe der Gampenhöfe in den Talgrund.

»Goldseeweg« Furkelhütte – Stilfser Joch

Furkelhütte, 2153 m – Goldsee, 2708 m (2½ Std.) – Dreisprachenspitze, 2838 m (3½ Std.) – Stilfser Joch, 2757 m (3¾ Std.)

Der Goldseeweg ist einer der lohnendsten Höhenwege des gesamten Vinschgaus! Der grandiose Talschluss des Trafoier Tals mit den vergletscherten Flanken von Ortler, Thurwieserspitze und Trafoier Eiswand ist der Blickfang, während man sich unterhalb des Grenzkamms zwischen Graubünden und Südtirol bewegt. Zielpunkt ist das Stilfser Joch, von dem man bequem mit dem Bus zum Ausgangspunkt Trafoi zurückfahren kann.

Auf dem langen Weg zwischen Furkelhütte und Stilfser Joch befindet sich kein Stützpunkt, was bei der Mitnahme von Speis und Trank berücksichtigt werden muss!

Nach der Sesselliftauffahrt von Trafoi folgt man ab der Furkelhütte dem markierten Weg Nr. 20 zunächst ins Furkeltal. Nach dem Erreichen des »Trusgrats«, des Nordwestrückens des Tartscherkopfs, hat man den eigentlichen Höhenunterschied überwunden. Ab hier folgt der Weg immer annähernd auf gleicher Höhe bleibend dem Hang bis zum wunderbar gelegenen Goldsee. Über den immer noch mit Nr. 20 bezeichneten Weg erreicht man schließlich das Stilfser Joch.

» *Ortler, Thurwieserspitze und Trafoier Eiswand gesehen vom Tartscher Kopf, einem vom Goldseeweg leicht erreichbaren Aussichtsberg.*

Herbst am Hintergratsee in unmittelbarer Nähe der Hintergrathütte.

Anhang

Zeittafel

Um 1100	Besiedlung des Suldentals
1352	erste Erwähnung des Namens Sulden
1614	Stilfs wird selbständige Pfarrei
1743	Sulden wird eigenständige Kuratie, Michael Nischler der erste Seelsorger
27.9.1804	Erstbesteigung des Ortler über die Hinteren Wandlen durch J. Pichler und Gefährten
30.8.1805	Erste touristische Begehung des Hintergrats durch Gebhard, Erstbegehung vorher durch J. Pichler und Gefährten
Okt. 1825	Eröffnung der Stilfser-Joch-Straße
24.8.1854	Erstbegehung der Königspitze durch S. Steinberger
1863-1901	Johann Eller ist Kurat und ab 1891 Pfarrer von Sulden
3.8.1864	Besteigung der Königspitze durch E. N. und T. F. Buxton mit F. F. Tuckett
1864-1865	Erschließung des heutigen Ortler-Normalanstiegs durch F. F. Tuckett, E. von Mojsisovic und J. Payer
29.9.1866	Erstbesteigung des Monte Zebrù durch J. Payer und J. Pinggera
1870	Eröffnung des Gasthauses St. Gertraud durch die Schwestern des Kuraten J. Eller
9.8.1873	Erstbegehung der Harpprechtrinne am Ortler durch T. Harpprecht und P. Dangl
15.6.1875	Erstbegehung des Hochjochgrats am Ortler durch O. Schück und P. Dangl
14.8.1877	Erstbegehung des Pleißhorngrats am Ortler durch J. Mazagg und Oster
6.7.1878	Erstbegehung des Langen Suldengrats an der Königspitze durch J. Meurer, A. von Pallavicini, P. Dangl, A. & J. Pinggera
17.9.1878	Erstbegehung der Minnigeroderinne am Ortler durch B. Minnigerode und A. Pinggera
27.6.1879	Erstbegehung der Schückrinne am Ortler durch O. Schück, P. Dangl u. P. Reinstadler
3.9.1880	Erste Überschreitung des Zebrù durch B. Minnigerode u. A. Pinggera
21.9.1880	Erstbegehung der Nordostwand der Königspitze durch B. Minnigerode, J. und A. Pinggera sowie J. Reinstadler
22.8.1889	Erstbegehung des Marltgrats am Ortler durch L. Friedmann, R. H. Schmitt u.a.
1891	Sulden wird eigenständige Pfarrei
1892	Eröffnung des Suldenhotels und der Straße nach Sulden
25.8.1898	Erstbegehung der Zebrù-NO-Wand (Südgipfel) durch Beatrice Tomasson, H. S. Pinggera und F. Reinstadler
30.6.1904	Erstbegehung des Ortler-Rothböckgrats durch H. Rothböck, F. Pinggera und F. Angerer
1915-1918	Gebirgskrieg in den Ortleralpen
5.9.1930	Erstbegehung der Königspitze-Nordwand durch H. Ertl und H. Brehm
22.6.1931	Erstbegehung der Ortler-Nordwand durch H. Ertl und F. Schmid
1935	Gründung des Nationalparks Stilfser Joch
1953	Gründung der Skischule Sulden
20.9.1956	Erstbegehung der NO-Wand des Zebrù-Nordgipfels durch K. Diemberger im Alleingang
22.9.1956	Erstbegehung der Gipfelwechte der Königspitze (»Schaumrolle«) durch K. Diemberger, H. Unterweger und H. Knapp
20.4.1971	Skibefahrung der Schückrinne durch H. Holzer
20.5.1971	Skibefahrung der Königspitze-NO-Wand durch H. Holzer
1973	Eröffnung des »Haus der Berge« in Sulden
1975	Bau der Seilbahn zur Schaubachhütte
15.8.1976	Erstbegehung des Ortler-SW-Pfeilers durch R. Messner, D. Oswald und H. Magerer

Der Ortler mit den Hinteren Wandlen von Westen. Der Mountainbiker ist auf dem Ebenferner unterwegs.

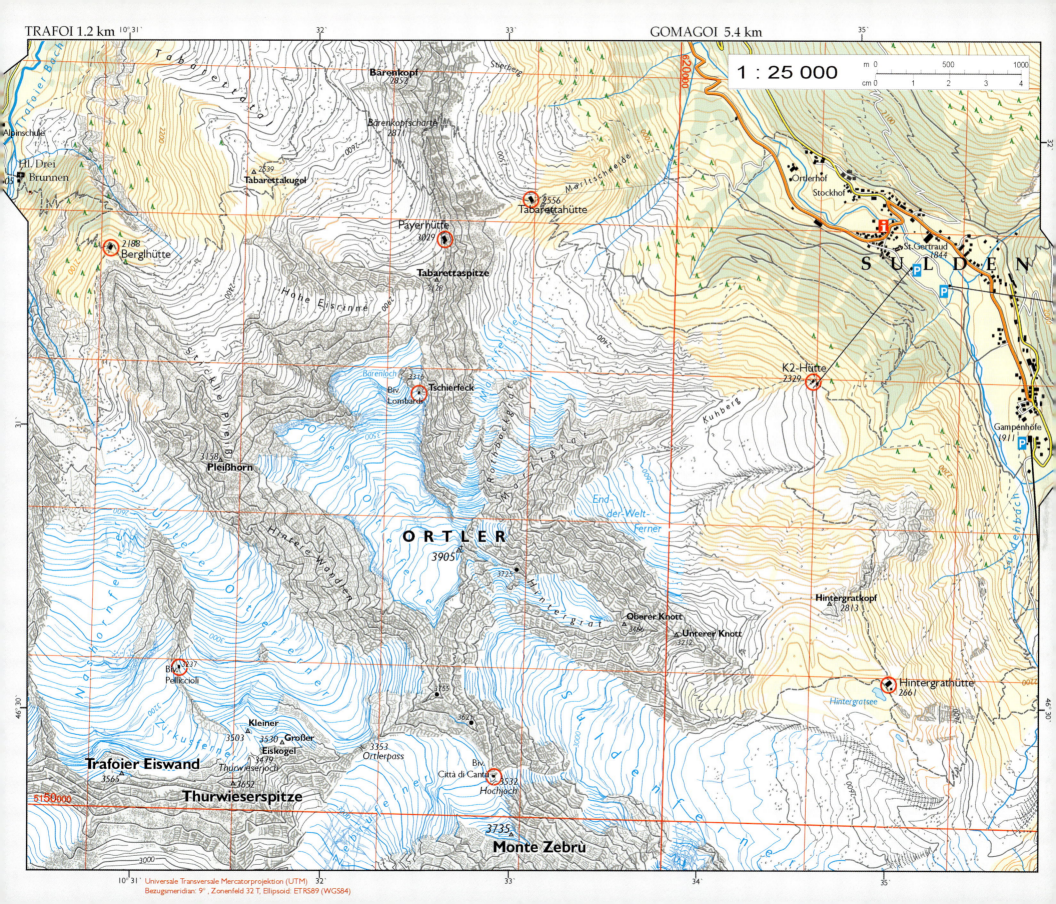

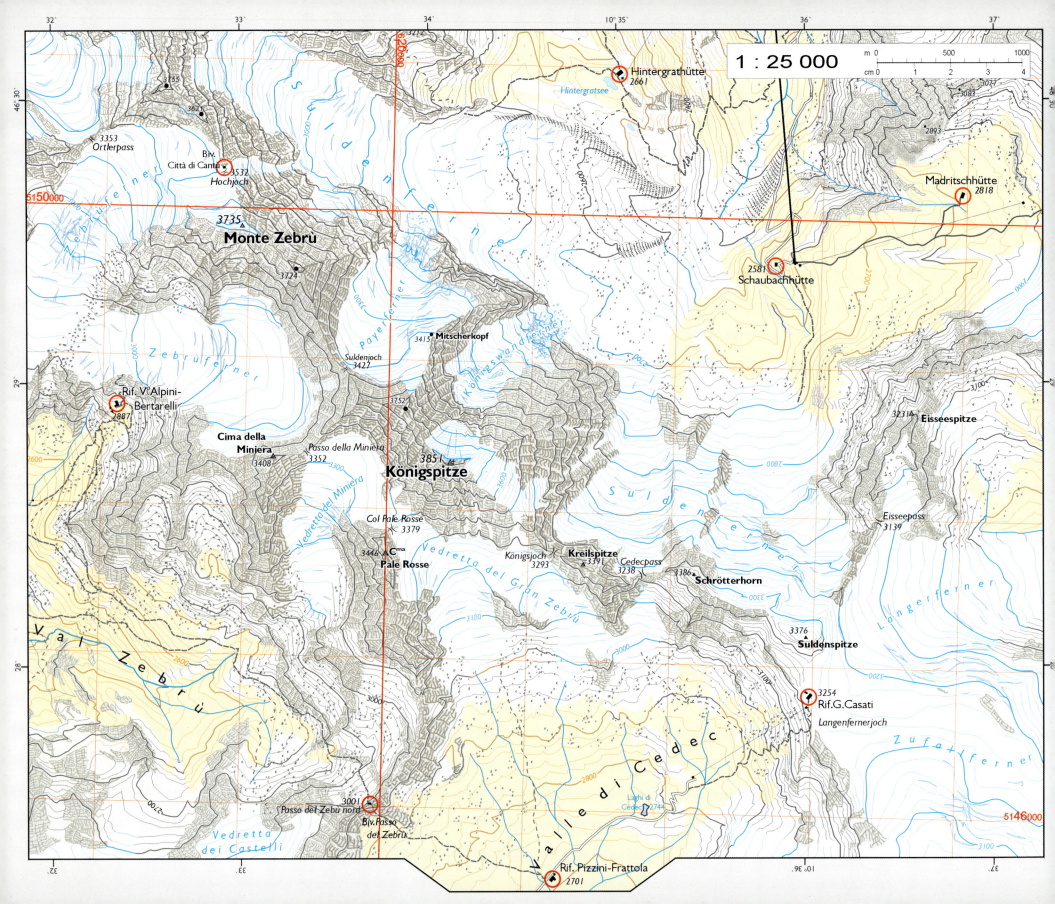

Touristische Informationen

Tourismusverein Ortlergebiet
Hauptstraße 72
I-39029 Sulden
Tel.: 0473/613 015
Fax: 0473/613 182
Internet: www.sulden.com, www.trafoi.it

Haus der Berge, Sulden
Geöffnet vom 20.6. – 30.9., Mo-Sa 9-11 u.
15.30-18.30 Uhr

Konsortium Nationalpark Stilfser Joch – Außenamt Südtirol
Rathausplatz 1
I-39020 Glurns
Tel.: 0473/830 430
Fax: 0473/830 510

Wetterdienst:
Telefon: 0471/271177
Internet: www.provinz.bz.it/wetter/suedtirol.htm

Lawinenwarndienst
Telefon: 0471/271177
Internet: www.provinz.bz.it/lawinen

Hütten
Berglhütte (Rif. A. Borletti) 0330/45 64 45
Casatihütte 0342/93 55 07
Düsseldorfer Hütte 0473/61 31 15
Hintergrathütte 0473/61 61 88
Julius-Payer-Hütte 0473/61 30 10
Pizzinihütte 0342/93 55 13
Quinto-Alpini-Hütte 0342/90 15 91
Schaubachhütte 0473/61 30 02
Tabarettahütte 0473/61 31 87
Zufallhütte 0473/74 47 85

Literatur

Bücher
Braunstein, Dr. Joseph: Stephan Steinberger, Leben und Schriften, Gesellschaft alpiner Bücherfeunde, München 1929
Diemberger, Kurt: Gipfel und Gefährten, Bruckmann, München 2001
Diemberger, Kurt: Der 7. Sinn, AS-Verlag, Zürich 2004
Diemberger, Kurt: Aufbruch ins Ungewisse, Piper, München 2004
Fischer, Hans / Klier, Heinrich (Hrsg.): König Ortler, Bergverlag Rother, München 1956
Harpprecht, Theodor: Bergfahrten, Hrsg. Sektion Schwaben des DAV, Stuttgart 1928
Höhne, Ernst: Ortler – Gipfel, Täler, Menschen, Verlagsanstalt Athesia, Bozen 1979
Hurton, Josef: Sulden, Eigenverlag, Sulden 2003
Lichem, Heinz von: Gebirgskrieg 1915-18, Band 1, Athesia, Bozen 1980
Magerer, Hermann: Bergauf Bergab, Erzählungen mit Hintergedanken, Bergverlag Rother, München 2004
Marseiler, Sebastian u.a.: Zeit im Eis, Athesia, Bozen 1996
Richter, Eduard (Hrsg): Die Erschließung der Ostalpen, Bd.II, S.68 ff, Wien 1892
Schmidkunz, Walter / Ertl, Hans: Bergvagabunden, Gebr. Richters Verlagsanstalt, Erfurt 1937

Führer und Wanderbücher
Gruber, Heinrich / Pescoller, Hans / Weiss, Rudolf: Ostalpen 7, Südtirol West, Alpenvereins-Skiführer, Bergverlag Rother, München 1989
Holl, Peter: Ortleralpen, Alpenvereinsführer, Bergverlag Rother, München 2003
Klier, Henriette: Vinschgau – die schönsten Tal- und Höhenwanderungen, Rother Wanderführer, Bergverlag Rother, München 2003
Schmitt, Edwin / Pusch, Wolfgang: Hochtouren Ostalpen, Bergverlag Rother, München 2004
Weiss, Rudolf, Ortleralpen, Alpenvereins-Skiführer, Bergverlag Rother, München 1991

Karten
Freytag & Berndt 1:50.000, WKS 6 »Ortleralpen, Martell, Val di Sole«
Tabacco 1:25.000, Blatt 08 »Ortlergebiet«
Carta dei sentieri (edizioni multigraphic) 1:25.000, Blatt 04 »Gruppo di Ortles«

Zeitschriftenbeiträge
Zu einzelnen Besteigungen und Routen:
Monte Zebrù, Überschreitung: Jahrbuch des Schweizer Alpen-Club, Bd.16, S. 327 ff.
Suldengrat: Österreichische Alpenzeitung 1879, S. 49 ff.
Suldenferner: Zeitschrift des Deutschen und Österreichischen Alpenvereins 1887, S. 70 ff.
Schückrinne: Österreichische Alpenzeitung 1881, S. 75 ff.
Königspitze-Nordwand: Alpenvereinsjahrbuch 1932, S. 300 ff.
Ortler-Nordwand: Alpenvereinsjahrbuch 1932, S. 300 ff.
Monte Zebrù, Erstbesteigung: Petermanns Geographische Mitteilungen, Ergänzungsheft 23, 1863 »J. Payer: Die westl. Ortleralpen«
Hochjochgrat: Zeitschrift des Alpenvereins VII, S. 77 ff.
Minnigeroderinne: Jahrbuch des Schweizer Alpen-Club, Band 17, S. 303 ff.
Königspitze, Nordwand u. Schaumrolle: Bergsteiger, Heft 3, 24. Jahrgang, 12/1956

Zusammenfassende Beiträge:
Berge, Heft 10: Ortler und Vinschgau
Berge, Heft 97: Sulden und der Ortler

11 Nordgrat (Normalweg); E. v. Mojsisovics, J. Pinggera, V. Reinstadler ; 7.7.1865 / J. Payer, J. Pinggera 4.9.1865 ; III-
12 Nordostwand; A. Schlögl ; 3.6.1988 ; VI-
13 Nordostpfeiler; H. Wegmann, K. Fritz; 16.8.1987; V+/60°
14 Nordwand; P. Holl, H. Witt; 3.-4.7.1963; V-/90°
15 Nordwand; H. Ertl, F. Schmid; 22.6.1931; 80°
16 Nordwand, Hängegletscher; R. Messner, G. Messner; 22.7.1964; 90°
17 Nordwand, Variante; M. Zappa, L. Gilardoni; 30.6.1968; 80°
18 Rothböckturm, Westwand; A. Kasserloer, Schreiber; Juli 1918; III
19 Rothböckturm, Ostkamin; A. Kasseloer, Schreiber; Juli 1918; IV
20 Nordnordostgrat, Rothböckgrat; H. Rothböck, F. Pinggera, F. Angerer; 30.6.1904; IV
21 Nordostgrat, Marltgrat; L. Friedmann, R.H. Schmitt u.a.; 22.8.1889; III
22 Ostwand, Schückrinne; O. Schück, P. Dangl, P. Reinstadler; 27.6.1879; III/55°
23 Ostsüdostgrat, Hintergrat; J. Pichler u.a.; August 1805; IV-/50°

Routenübersicht

Rot = regelmäßig begangene Routen
Orange = historisch/von den Verhältnissen abhängig

Nr. grau = nicht auf Foto eingetragen

Ortler, 3905 m

1 Hintere Wandlen; J. Pichler, J. Klausner, J. Leitner; 27.9.1804; III/50°; 1. Ortlerbesteigung
2 Südwestwand, Soldàweg; G. Soldà, G. Pirovano, E. Taddei; 26.-28.7.1934; V/60°
3 Südwestpfeiler; R. Messner, D. Oswald, H. Magerer; 15.-16.8.1976; V+
4 Südwestwand; Dr. Niepmann, Dr. Lausberg, A. Pinggera, J. Reinstadler; 4.9.1895; IV
5 Nordwestgrat, Pleißhorngrat/Meraner Weg; Oster, J. Mazagg; 14.8.1877; IV-
6 Nordwestrinne, Stickle Pleiß; Th. Harpprecht, P. Dangl; 19.7.1872 im Abstieg; IV-/45°
7 Nordwestwand; S. Fincato, S. Persenico; 4.8.1937; IV+
8 Nordwestwand, La Casa di Asterione; C. Inselvini, L. Trippa; 26.3.1995; V
9 Nordwestwand, Via un battisto d`ali; L. Trippa, M. Piccioli; 31.10.1994; 60°
10 Hohe Eisrinne; E. N. Buxton, H. E. Buxton, F. F. Tuckett, C. Michel, F. Biner; 5.8.1864; 30°

Ortler

« *Nordwestansicht*

‹ *Nordostansicht*

▲ *Südansicht*

24 Südostwand, Minnigeroderinne; B. Minnigerode, A. u. J. Pinggera; 17.9.1878; 50°
25 Südostwand, Minnigeroderinne, Direkter Ausstieg; B. Minnigerode, J. u. A. Pinggera; September 1881; 50°
26 Südsüdostwand; E. Lanner, J. Pichler, F. Schöpf; 29.8.1894; III
27 Ostwand, Harpprechtrinne; T. Harpprecht, P. Dangl; 9.8.1873; III/45°
28 Südgrat, Hochjochgrat; O. Schück, P. Dangl, A. Pinggera; 15.6.1875; IV
29 P. 3755, Südwestgrat; Erstbegeher unbekannt; vor 1929; IV
30 Westwand; G. Pirovano, P. Pellegatta; 19.8.1939; IV-/55°
31 Westwand; D. Drescher, U. Kössler; Datum der Erstbegehung unbekannt; 50°
32 Südwestwand; H. S. Pinggera, B. Tomasson; 16.9.1898

Monte Zebrù, 3735 m

33 Nordwestflanke/Westgrat; J. Payer, J. Pinggera; 29.9.1866; I/35°; 1. Besteigung des Monte Zebrù (siehe S. 120)

34 Westwand; D. Chiesa, A. Zavattarelli; 6.8.1995; 55°

35 Westgrat; A. Bonacossa, G. B. Confortola, P. Pietrogiovanna; 16.7.1890; III

36 Südwestwand; A. Bonacossa, C. Prochownik; 18.8.1913; III

37 Nordostwand; K. Diemberger; 20.9.1956; IV/55°

38 Nordwestwand; K. Richter, A. Pichler, H.S. Pinggera d.J.; 6.8.1937; IV

39 Südostgrat; B. Minnigerode, A. Pinggera; 3.9.1880; III+

40 Ostwand; A. Balabio; 21.8.1937; II

41 Ostpfeiler; A. Balabio, A. u. R. Calegari; 28.8.1921; IV

42 Nordostpfeiler; P. Holl, H. Nosko; 21.7.1969; IV-

43 Nordostwand; B. Tomasson, H.S. Pinggera, F. Reinstadler; 25.8.1898; IV-

44 Nordostwand, Direkter Einstieg; N. Spallino, H. Pinggera, B. Reinstadler; 13.8.1956

Königspitze, 3851 m

45 Südostflanke; E. N. Buxton, T. F. Buxton, F.F. Tuckett, C. Michel, F. Biner; 3.8.1864; I/42°
46 Südwand; G.Cavaleri, G.B. Confortola, P. Pietrogiovanna; 1887; 50°
47 Südsüdwestrippe; S. Steinberger; 24.8.1854; III; 1. Besteigung der Königspitze
48 Südwestrinne, Pale-Rosse; C.Blenzinger, P. Reinstadler; 1881; II/50°
49 Südwand, Ghost Zebrù; M. Piccioli, D. Chiesa; 23.3.1997; V,A1/90°
50 Südwestwand, Soldato delle Pale Rosse; D. Chiesa, M. Cerri; 2.7.1995; III+
51 Nordwestgrat, Kurzer Suldengrat; A. Jörg, R. Levy, J. Grill, S. Reinstadler; 26.7.1880; IV-/60°
52 Nordgrat, Langer Suldengrat; J. Meurer, A. Pallavicini, P. Dangl, A. u. J. Pinggera; 6.7.1878; IV/55°

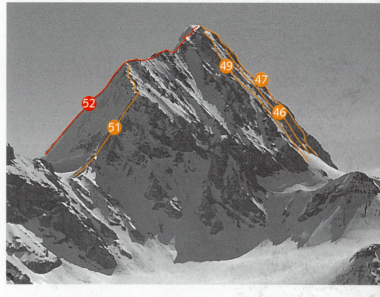

53 Nordwand; C. Lucchi, C. Dal Zovo; 22.-23.4.1984; IV+/60°
54 Nordwand; H. Ertl, H. Brehm; 5.9.1930; IV/60°
55 Nordwand, Schaumrolle; K. Diemberger, H. Unterweger, H. Knapp; 22.9.1956; 95°
56 Nordwand; P. Aschenbrenner, H. Treichl; 1.9.1935; IV+/60°
57 Nordwand; W. Klimek, T. Gruhl; 18.6.1976; IV/60°
58 Nordwand, Thomas-Gruhl-Gedächtnisführe; W. Klimek, S. Grasegger; 2.4.1978; IV/65°
59 Nordostwand; L. Brigatti, E. Zangelmi; 5.8.1937; 55°
60 Nordostwand; B. Minnigerode, J. u. A. Pinggera, P. Reinstadler; 21.9.1881; 55°
61 Ostnordostgrat; V. Swoboda d'Avignon, H. Friedel, J. Pichler, F. Schöpf; 27.8.1894; III
62 Ostwand; J.A. Specht, F. Pöll; 17.9.1864; III/50°
63 Ostwand, direkte Variante

«« Königspitze und Zebrù, Ostnordostansicht.

▲ Königspitze, Westansicht.

◂ Königspitze, Südsüdostansicht.

»» Im Anstieg über den Zebrùferner zum Suldenjoch.

Register

Hauptnennungen fett, Bildverweise in Klammern

A
Anich, Peter 21
Arning, Ferdinand 92
Atlas Tyrolensis (21)
B
Bäckmann, Karl 90
Balmat, Jacques 29
Berglhütte 92
Biener, Franz 38
Bivacco Città di Cantù (92)
Blaas, Christian 78
Braunstein, Dr. Joseph 36
Brehm, Hans 61 (62)
Buxton, E. N. 38
Buxton, T. F. 38
C
Capanna Cedeh 92
Capanna Milano 92
Casatihütte 92
Cevedale, Monte **110** (111)
Chiesa 73
Compton, E. T. 30
D
Dangl, Peter 43, 46, 50, 51, 52 (50)
Déchy, Mortitz von 46
Diemberger, Kurt 66, **67** (67)
Domennigg, H. 46
Donegani, Carlo 84
Düsseldorfer Hütte 92 (89)
E
Eller, Johann 78, 90 (78)
Emanuelle, König Vittorio 88
Ertl, Hans **61**, 62 (61, 64)
Erzherzog Johann 29
F
Finsterwalder, Sebastian 17
Friedmann, Louis 36, 40, 52, 55

G
Gebhard, Dr. 29
Ghost Zebrù 73
Gilardoni 70
Grill, Johann 49, 53
H
Harpprecht, Theodor 42, 46 (50)
Harpprechtrinne 20, 49
Haushofer, Karl 24
Hell, Johann 31
Hell, Michael 31
Hintere Wandlen (32, 116)
Hintergrat **42, 98** (45, 46, 54, 95, 99)
Hintergrathütte 90 (92)
Hochjochgrat 44, 50, 51, 52 (49)
Hoffmann, Carl 24
Holl, Peter 70, **73**
Hurton, Dr. Josef 24, 82
J
Jörg, A. 53
K
Klausner, Johann 30
Klosen **81** (80, 81)
Knapp, Herbert 68 (69)
Knoll, Josl 66
Königspitze-Nordwand **61, 108** (60, 108)
Krafft, Albrecht von 36, 46, 55
L
Leitner, Johann 30
Levy, Dr. R. 53
M
Magerer, Hermann 70, **71** (70)
Marltgrat (55)
Merkl, Willi 62
Messner, Reinhold 70, **71**, 83, 90 (70, 71)
Meurer, Julius 52
Michel, Christian 38
Minnigerode, Prof. B. **54**
Minnigeroderinne 20 (54)
Mojsisovic, Dr. Edmund von 34
Morocutti, Albert 66

N
Nationalpark Stilfser Joch **88**
O
Ortler-Nordwand **62, 100** (65, 72, 73, 100)
Oswald, Dietmar 70
P
Paccard, Gabriel 29
Pallavicini, Markgraf Alfred 52 (52)
Payer, Julius **22, 24, 40** (24)
Payerhütte 90 (56, 112)
Payers Ortlerkarte (25)
Pegger, Egid 40
Pflauder, Peter 66
Piccoli 73
Pichler, Josef **29, 31**, 33, 36, **42** (31)
Pinggera, Alfred 67
Pinggera, Alois 46, 50, 52, 54
Pinggera, Johann 40, 46, 52, 54 (40)
Pinggera, Josef 46
Pizzinihütte 92
Pöll, Franz 40, 46
Pseyrer Josele siehe Pichler, Josef
Q
Quinto-Alpini-Hütte 92 (92)
R
Reinstadler, Peter 51, 55
Reinstadler, Sebastian 53
Richter, Eduard 36
Ruthner, Anton von 40
S
Santo, Romani 46
Saussure, Horace Benedict de 29
Schaubachhütte 92 (90)
Schaumrolle 17, **66** (36, 66, 67)
Schebelka **33**
Schmid, Franz 62 (63)
Schmid, Toni (63)
Schück, Otto **49**, 52
Schückrinne **49** (49)
Specht, J. A. 40
St. Gertraud 78 (78)

Steinberger, Stephan 34, **36** (36)
Stilfs 78, **81** (74, 83)
Stilfser Joch **83** (85, 86)
Stüdl, Johann 90 (56)
Sulden **78** (82)
Suldengrat **52, 106** (53, 107)
T
Tartscherkopf **110**
Thurwieser **33**
Thurwieserspitze (44)
Tomasson, Beatrice 55
Tomko, Kardinal Jozef (64)
Trafoi **83**
Trafoier Eiswand (84)
Trenker, Luis (64)
Tuckett, F. F. 38, 40
U
Unterweger, Hannes 68 (69)
V
Vinschgau **75**
W
Weilenmann, Johann Jakob 46
Welzenbach 62
Witt, Helmut 70, 73
Z
Zappa, M. 70

Die Nordwand der Königspitze. Darunter der Königswandferner, ein typischer Lawinenkesselgletscher.

1. Auflage 2004
© Bergverlag Rother GmbH, München
Alle Rechte vorbehalten
ISBN 3-7633-7027-7

Lektorat: Dr. Gerhard Hirtlreiter
Layout und Umschlaggestaltung: Edwin Schmitt
Reproduktionen: Lanarepro, Lana
Druck und Bindung: Litotipografia Alcione, Trento

Bildnachweis:
Alpines Museum des DAV, Archiv: 40, 50 u, 52, 61, 62, 63
Udo Bernhart: 31, 58, 59, 60, 74/75, 80, 81 o., 81 u., 81 re., 83, 85, 86, 87, 112 u., 128
Sepp Brandl: Titel (großes Bild), 33, 35, 123 re.
Kurt Diemberger: 67 li., 67 re., 68
Gerhard Hirtlreiter: 116
Hotel Eller, Sulden: 78
Josef Hurton, Archiv: 24, 30, 56, 64, 75 o., 75 u.
Herbert Knapp: 66, 69 li., 69 re., 72
Hermann Magerer: 70, 71 o., 71 u.
Wolfgang Pusch: Titel (kleines Bild), 1, 3 li., 3 m., 3 re., 5, 6/7, 15 o., 15 u., 18, 20, 22, 32, 39, 43, 44, 45, 47, 48, 49, 53, 54, 55, 57, 65, 73, 76, 82, 84, 89, 92 o., 92 u., 94/95, 96, 97, 99, 100, 101 li., 101 re., 102 li., 102 re., 103, 107, 110, 112 o., 114/115, 120 li., 121, 122, 124/125, 127
Edwin Schmitt: Umschlagrückseite, 4, 8/9, 10/11, 14, 28/29, 38, 42, 77, 90, 91, 98, 104, 106, 108, 123 li.
Schwaighofer/Finsterwalder: 16
Andreas Strauss: 2, 12, 13, 19, 26/27, 51, 79, 88, 93, 109, 113
Tappeiner AG: 37
Mark Zahel: 23, 105, 111, 120 re.

Bilder auf dem Umschlag:
Großes Bild vorne: Das Dreigestirn Königspitze, Monte Zebrù und Ortler von Osten.
Kleines Bild vorne: Ortler, gesehen vom Gipfel des Tartscher Kopf.
Bild hinten: Die Ortlergruppe vom Haidersee.

Bilder im Innenteil:
Seite 1: Im Aufstieg über den Zebrùferner zum Suldenjoch.
Seite 2: Der Gipfel des Ortlers im ersten Licht von Osten.
Seite 3: links Ortler von Westen, Mitte Königspitze von Norden, rechts Monte Zebrù von Nordosten.
Seite 6/7: Die Königspitze ragt aus dem Wolkenmeer, gesehen vom Ortlergipfel.
Seite 8/9: Flammendes Abendrot über dem breiten Bau des Ortlers, gesehen von der Schaubachhütte.

Textnachweis:
Alle Texte Wolfgang Pusch mit Ausnahme der Beiträge:
Seite 70 bis 72: »Erstbesteigung mit R. M.«, aus »Bergauf Bergab, Erzählungen mit Hintergedanken« von Hermann Magerer
Seite 81: »Das Klosen in Stilfs«, Karin Bernhart
Seite 83: »Der Riese Ortler«, aus dem Band »Sulden« von Josef Hurton

Kartennachweis:
Seite 117/118: © Wolfgang Pusch

Historische Karten:
Seite 17: Sebastian Finsterwalder 1886
Seite 21: Peter Anich, Blasius Hueber, Atlas Tyolensis, 1774; Reprint 1981, Verlagsanstalt Tyrolia
Seite 25: Julius Payer, Petermanns Geogr. Mitt. 1863 (Bibliothek des DAV)

Fantasie der Natur: Schmelzformen im Eis.